憲法Ⅱ 統治機構

憲法 Ⅱ

統治機構

猪 股 弘 貴

［信山社テキスト］

信山社

はしがき

　わが国における法学教育は現在大きな転換点に立たされている。今後のゆくえは未だ定かではないとはいえ、司法改革の一貫として、ロースクールの制度化が議論されているのである。

　著者は2001年の8月末までの約1年半、カリフォルニア大学バークレー校のロースクールに客員研究員として滞在し、つぶさにそこでの教育を体験することができた。そこでは、わが国の法学教育におけるような、レクチャー方式の一方通行の話をするのではなく、判例を主な素材としながら、学生と教員あるいは学生同士の議論によって授業を進める、いわゆるケース・メソッドが主流である。このことは憲法の授業においても同様であり、今後のわが国の憲法教育の流れが、おそらくこのような方向に向かうことが予想される。このことは同時に、テキストの変更をも意味することであろう。

　しかし、憲法という法学の一分野に限って言うならば、そのようなアメリカにおいてさえ、別の流れが存在する。というのは、周知のように、アメリカのロースクールは学部（undergraduate）からは切り離された、独立した大学院であり、そこでの3年間の教育を終了した者にはJ. D.という、日本語で法学博士と訳しても決して誤りとは言えない、学位が与えられるのである。これに対して、たとえばカリフォルニア大学バークレー校であればLegal Studiesとして、学部教育の一つの専攻として法学教育が行われている場合があり、そこにはロースクールの教育とは切り離された形での憲法の授業が組み込まれている。スポンサーとなっていただいたM. シャピロ教授は、著者が客員研究員として滞在している間、ロースクールに籍を置きながら、この専攻の1つの科目として、

はしがき

憲法の授業を担当されていたことから、私は、いわば学部段階でのアメリカにおける憲法の授業に参加する機会に恵まれた。そこでは、日本の講義形式に類似した授業が行われているのである。このことが例証しているように、わが国がロースクールの時代を迎えても、少なくとも憲法の分野においては、学部教育における憲法の授業の占める比重が、低下することにはならないであろう。

さらに、アメリカでは、政治学部の中に合衆国憲法の授業の担当者が含まれており、そこでは、判例研究を超えた、最高裁を中心とする司法制度の政治学からの分析をはじめ、多面的な憲法の研究がなされている。そのことが、アメリカ憲法学の内容を非常に豊かなものにしているのである。わが国でもその名が広く知られている、憲法学・国法学の泰斗ハンス・ケルゼンは、ナチスからの迫害を逃れ、アメリカでの研究の場をカリフォルニア大学バークレー校に定めるにつき、籍を置いたのは政治学部であった。

このように、憲法の授業はその目的に応じて異なってしかるべきであるし、またそのテキストも、それに適合するように工夫を凝らす配慮が必要となる。今後、わが国でも重要な課題となることであろう。

本書は、これから他の法分野をも学び、ほぼ一貫した法の知識を得ようと考えている学部学生とともに、憲法を自己の教養として身につけたいと思っている学生、両者を対象としている。憲法を 2 つの分野、すなわち、「人権」と「統治機構」にわけ、ここでは後者のみをその対象とし、人権をはじめその他の部分は『憲法Ⅰ』として、後日出版することを予定している。

ここでは、いわゆる体系書を作ることを狙いとしているのではなく、本書は、かなり教養に近い授業の便宜を図るためのものである。とはいえ、著者が憲法をどのように捉え、憲法を解釈するとはどういうことであると考えているのか、一言しておきたい。詳しくは、『憲法論の再構

はしがき

築』(信山社、2000年)をご参照願いたいが、そこで述べたように、憲法とは憲法制定者が、条文として原理化したものであり、それを解釈しようとするには、この原理を探究し、またその際、先例（とくに最高裁判所の判例）を参照する必要がある。このような基本的態度は本書においても変わるところはない。とはいえ、憲法解釈のあり方を検討した前著を公刊する以前に、授業の便宜を図るために作成した原稿を、主な拠り所としたために、どこまでこのような態度を一貫することに成功したのかについては誠に心許ない。ご批判を甘受したい。

　本書を出版するについては、信山社の今井貴氏に大変お世話になり、心から感謝の意を表したい。

2002年3月

猪　股　弘　貴

目　次

はしがき

第1章　統治機構総論 …………………………………… *1*

第1節　近代憲法における統治機構（*1*）
1　立憲主義と統治機構（*1*）
2　近代統治機構の基本原理（*1*）
第2節　明治憲法における統治機構（*3*）
第3節　近代統治機構における現代的変容（*5*）
1　積極国家化（*5*）
2　司法権の優位（*7*）

第2章　国民主権と象徴天皇制 …………………………… *9*

第1節　国民主権（*9*）
1　主権の意味（*9*）
2　国民主権（*9*）
第2節　選　挙（*10*）
1　選挙権と被選挙権（*10*）
2　近代選挙法の原則（*11*）
3　選挙運動の自由と公正（*14*）
4　比例代表選挙と選挙区選挙（*16*）
第3節　象徴天皇制（*18*）
1　天皇の地位（*18*）
2　皇位の継承（*19*）
3　天皇の権能（*20*）
4　天皇の公的行為（*24*）

目　次

　　　　5　皇室の財政 (24)

第3章　国　　会 …………………………………… 27

　第1節　国会の地位 (27)
　　　　1　国権の最高機関 (27)
　　　　2　国民の代表機関 (27)
　　　　3　唯一の立法機関 (28)
　第2節　両　院　制 (29)
　第3節　議員の特権 (30)
　　　　1　歳費を受ける権利 (30)
　　　　2　不逮捕特権 (30)
　　　　3　免責特権 (30)
　第4節　国会の運営 (31)
　　　　1　会　　期 (31)
　　　　2　議事手続 (33)
　　　　3　参議院の緊急集会 (34)
　第5節　国会の権能 (35)
　第6節　議院の権能 (35)
　　　　1　国政調査権 (35)
　　　　2　議員の資格争訟の裁判権 (37)
　　　　3　懲　罰　権 (37)
　　　　4　規則制定権 (37)
　第7節　政　　党 (38)
　　　　1　現代議会政治における政党の役割 (38)
　　　　2　政党の憲法上の地位 (39)
　　　　3　日本国憲法と政党 (39)

目次

第4章 内 閣 … 41

第1節 内閣の地位 (41)
1 行政権 (41)
2 議院内閣制 (43)

第2節 内閣の組織 (44)
1 合議体としての内閣 (44)
2 内閣総理大臣の地位と権能 (45)
3 国務大臣の地位と権能 (47)

第3節 内閣の権能 (47)

第5章 裁 判 所 … 51

第1節 司法権の観念 (51)
第2節 司法権の範囲 (52)
第3節 司法権の限界 (52)
1 行政裁量と立法裁量 (53)
2 団体の内部事項 (54)
3 統治行為 (54)

第4節 裁判所の組織 (56)
1 最高裁判所 (56)
2 高等裁判所 (58)
3 地方裁判所 (58)
4 家庭裁判所 (58)
5 簡易裁判所 (58)

第5節 司法権の独立 (59)
1 司法権独立の意義 (59)
2 裁判官の独立 (59)

目　次

　　　　3　裁判官の身分保障〈60〉
　　第6節　裁判の公開〈60〉
　　第7節　違憲審査制〈62〉
　　　　1　違憲審査の性格〈62〉
　　　　2　違憲審査の対象〈63〉
　　　　3　憲法判断の方法〈65〉
　　　　4　違憲判決の効力〈67〉

第6章　財　　政 ……………………………………………… 69

　　第1節　財政民主主義〈69〉
　　第2節　租税法律主義〈69〉
　　　　1　租税法律主義の意味〈69〉
　　　　2　通達課税と租税特別措置〈71〉
　　第3節　国費の支出と国の債務負担行為〈72〉
　　第4節　予算・決算〈73〉
　　　　1　予　　算〈73〉
　　　　2　予備費〈74〉
　　　　3　決　　算〈74〉
　　第5節　公費の支出制限〈75〉
　　　　1　宗教上の組織若しくは団体〈75〉
　　　　2　公の支配に属しない慈善、教育若しくは博愛の事業〈76〉
　　第6節　財政報告義務〈77〉

第7章　地　方　自　治 ……………………………………… 79

　　第1節　地方自治の意義〈79〉
　　　　1　地方自治の本旨〈79〉
　　　　2　自治権の本質〈79〉

第2節　憲法上の地方公共団体 (80)
　　　第3節　地方公共団体の権能 (81)
　　　　　1　地方公共団体の事務 (82)
　　　　　2　自主立法権 (82)
　　　第4節　地方公共団体の組織 (84)
　　　　　1　基本原理 (84)
　　　　　2　地方議会 (84)
　　　　　3　執行機関 (85)

第8章　最高法規と憲法改正 ……………………………… 87

　　　第1節　最 高 法 規 (87)
　　　第2節　国法の諸形式と体系 (88)
　　　　　1　法　　律 (88)
　　　　　2　予　　算 (90)
　　　　　3　議院規則 (90)
　　　　　4　最高裁判所規則 (91)
　　　　　5　命　　令 (91)
　　　第3節　憲法と条約 (92)
　　　　　1　条約の意味 (92)
　　　　　2　成立手続 (93)
　　　　　3　条約と国内法との効力関係 (94)
　　　第4節　憲法改正 (95)
　　　　　1　改正手続 (95)
　　　　　2　改正の限界 (96)

凡　　例
日本国憲法 (巻末)
参 考 文 献 (巻末)

凡　例

[略記法]

(1) 法　令

　　引用する法令名は、三省堂『模範六法』他の六法の「法令略称法」に基づいている。

(2) 判　例

　　判例の引用法は、以下の方法に従っている。
　　（最大判昭 60・3・27 民集 39・2・247）＝最高裁判所大法廷昭和 60 年 3 月 27 日判決、最高裁判所民事判例集 39 巻 2 号 247 頁以下登載。
　　なお、判例集の略称は、以下の通りである。
　　　民　　集　　最高裁判所民事判例集
　　　刑　　集　　最高裁判所刑事判例集
　　　高裁民集　　高等裁判所民事判例集
　　　高裁刑集　　高等裁判所刑事判例集
　　　下　民　集　　下級裁判所民事判例集
　　　下　刑　集　　下級裁判所刑事判例集
　　　行　　集　　行政事件裁判例集
　　　判　　時　　判例時報

(3) 各国憲法・人権宣言

　　引用する人権宣言、各国憲法の条文は、
　　高木八尺・末延三次・宮沢俊義（編）『人権宣言集』（岩波書店、1957年)
　　宮沢俊義（編）『世界憲法集（第 4 版）』（岩波書店、1983年)
　　樋口陽一・吉田善明(編)『解説世界憲法集(第 4 版)』(三省堂、2001年)
　　によった。

憲法Ⅱ　統治機構

第1章　統治機構総論

第1節　近代憲法における統治機構

1　立憲主義と統治機構

　国家が組織され活動するについて、憲法によって制限され、拘束される原則を立憲主義（constitutionalism）という。近代社会において、個人を中心とした市民社会が成立するにつれて、この立憲主義が国家の基本原理となるのである。いくつかの例外を除いて、近代国家において、成文の憲法典が制定されるようになる。その国の憲法の成立事情の違いから、それぞれに特色があるとはいえ、近代憲法は、主に、人権宣言の部分と統治機構の部分から構成される。近代憲法のモデルの1つとされる、フランス人権宣言16条は「権利の保障が確保されず、権力の分立が規定されていないすべての社会は、憲法をもつものではない」と述べている。この規定に的確に表現されているように、近代憲法は「権利の保障＝人権宣言」と「権力の分立＝統治機構」を柱として、構成されているのである。

2　近代統治機構の基本原理

　各国の近代憲法のなかに、統治機構がどのように具体化されるかは、それぞれの国の歴史的、社会的状況の違いによって異なる。とはいえ、民主主義、すなわち国民が政治に参加することが承認され、国民の代表機関である議会を中心に国の政治が行われることと、権力が分立してい

第1章　統治機構総論

ることは、近代統治機構の基本原理として、ほぼ共通して承認されている。

(1)　民主制

　近代国家においては、国民は統治される対象ではなく、政治に参加する主体であることが認められる。憲法に国民主権が明記されることが多く、民主主義が浸透していく。選挙も当初は制限選挙で行われる場合もあったが、普通選挙が普遍的になり、さらに女子が選挙権を有するのが当然のこととなる。国民の政治参加の方式には、大きく別けて、直接民主主義と間接民主主義とがある。特別の場合に国民投票などが行われることを除いて、間接民主主義の方法によって政治が行われるのが普通である。国民は、代表者を選び、その代表者を通じて間接的に政治に参加するのである。従って、国民の代表機関である議会が国の政治の中心に位置することになる。

　近代国家のなかには、君主の存在を認めている国も存在するが、この場合、君主の権能は形式的・儀礼的行為のみに限られ、君主が意思決定をするについては、国民や議会に責任を負うことのできる機関、たとえば内閣の関与が必要とされている。

(2)　権力分立制

　権力が一人の人間あるいは1つの機関に集中すると、濫用され、専制的になることは歴史の教えるところである。そこで、権力を分散させ、それぞれを異なる機関に担当させるのが、近代憲法のあり方である。このような考え方は、フランスの啓蒙思想家モンテスキューの『法の精神』(1748年)に著され、広まった。そこでは、国家権力を立法、行政、司法の3つに分け、三権分立といわれる。これら三権の抑制と均衡によって、権力が濫用されるのを防ぐことに、その狙いがある。

　権力分立の具体的なあり方は、国により様々である。アメリカ合衆国のように、大統領制を採用し、三権を厳格に分けているところがある。

それに対して、イギリスのように、議院内閣制を採用し、立法と行政との密接な関係を保持させているところもある。いずれにせよ、立法、行政、司法について、それぞれ異なる機関を設け、それらの抑制と均衡によって政治を行うしくみが採用されている。

　権力分立あるいは三権分立は、通常、国家権力を立法、行政、司法の3種類に分けることを意味する。これは近代憲法の重要な原則であるが、連邦制を採用し、権力を連邦と州（邦）に分けることも、権力分立の一種とみることができる。そこでは、さらに連邦および州の内部で、権力の分立が行われることになる。連邦制は、アメリカ合衆国、ロシア、ドイツをはじめ多くの国において採用されている。日本国憲法は連邦制とまではいえないにしても、地方自治制を採用し、地方公共団体に広く自治権を認め、そこに権力分立の趣旨が含まれているとみることができる。

第2節　明治憲法における統治機構

　明治憲法、正式名大日本帝国憲法は、1889（明治23）年2月11日に公布され、翌1890年11月29日から施行された。日本が太平洋戦争に敗北し、日本国憲法が施行される、1947年5月3日までその効力を維持した憲法である。この憲法は天皇主権をその基本原理とし（明憲1条）、天皇が統治権を総攬するとした上で（明憲4条）、立法権は天皇が帝国議会の協賛（協力）によりそれを行使し（明憲5条）、行政権は国務各大臣の輔弼（補佐）によりそれを執行し（明憲55条）、司法権は裁判所が天皇の名においてそれを行うことになっていたのである（明憲57条）。

　このように権力を天皇に集中させるという、憲法上、絶対主義的な君主制を採用し、臣民（国民）の権利保障も、法律の定めるところにより、あるいは法律の範囲内において保障されるという、法律の留保が付され

第 1 章　統治機構総論

ていたのであり、フランスやアメリカ合衆国などの諸憲法とは異なっていた。これを外見的立憲主義の憲法と呼ぶのである。

　議会制度を採用していたことは、近代民主国家としての面を持っていたことを意味するが、その一院である貴族院は、華族や、天皇から任ぜられた者から構成され、衆議院と対等の地位を有していたことは、前近代的側面の現れである。内閣は憲法上のものではなく、内閣官制という勅令（天皇が発する命令）上のものであり、明治憲法上は、個々の大臣が天皇を補佐しながら国務を遂行するものとされていた。いわゆる大正デモクラシーと呼ばれた時代に、政党政治が成熟し、衆議院で多数を占めた政党の党首が内閣を組織するという、イギリスの議院内閣制類似の制度が実施されたこともあるが、軍国主義の足音とともに、このような慣行も消滅するのである。

　この軍国主義との関係で、明治憲法下の統治機構の重大な欠陥とされるのは、近代民主国家に不可欠な、シビリアン・コントロール（文民統制）が存在していなかったことである。国務と軍務とが切り離され、前者は後者に干渉してはならないという、統帥権の独立（明憲11条）が規定されていたのである。さらに、当時の慣行とされていた軍部大臣現役武官制（陸軍大臣や海軍大臣は現役の武官でなければならないとする制度）は、軍部に有利な内閣を作るように作用し、しばしば内閣の崩壊を引き起こすことにも利用されたのであった。

　近代民主国家に欠くことのできない、司法権の独立は、比較的良く守られたという見解と、制度上でも実際上でも確立されていなかったという見解にわかれる。とはいえ、明治憲法施行の翌年（1891年）に発生した大津事件において、当時の児島大審院長が、政府からの圧力をはねのけ、この原理を守ろうとした意味は大きい。しかし、明治憲法において、違憲審査制度が認められていなかったことはもとより、行政事件は、司法裁判所から切り離された行政裁判所で審査され（明憲61条）、しかも

訴えることのできる事項（出訴事項）が非常に限定されていたために（列記主義）、国民の権利が行政裁判において十分に保護されることはなかったのである。

第3節　近代統治機構の現代的変容

　近代憲法は20世紀に入ると、民主制が発展し、その深化がみられるとともに、それが憲法典に明記されると否とを問わず、近代統治機構の基本原理の修正というべき現象を生ずるに至った。ここでは、特に重要な二点にふれることにする。

1　積極国家化

　近代国家（西欧）の出発点においては、個人の自由かつ自律的な活動を重視し、その調整をアダム・スミスによって「神の見えざる手」と表現された市場に委ね、国家は個人の自由な活動と社会の自律的発展の外的条件の整備（外交、防衛、治安維持など）にその役割を限定すべきであると考えられた。このような国家を消極国家あるいは夜警国家という。このような考え方を背景に、近代資本主義は発展していった。しかし、他方では、国民の間に貧富の差が拡大し、恐慌などの経済的危機をも発生させたのであった。そこで、国家が国民の社会・経済活動に介入し、経済的危機を回避し、労使の対立などの社会的緊張の緩和に努めるようになる。このような現象を積極国家化と呼び、そのような体制を積極国家あるいは福祉国家という。国家自らが産業基盤を整備し、財政運営による投資や融資を行い、労働者保護法や社会保障法を制定するようになるのである。

　この積極国家において、注意しなければならないのは、国家による社

第1章　統治機構総論

会・経済過程への介入が、主に行政権によって、しかも行政官僚の手によって行われるということである。社会・経済過程への介入には、専門的知識と技術が要求されるが、これに議会が十分に応えることができず、行政官僚が中心的役割を果たすようになるのである。このような国家のあり方を行政国家という。近代統治機構の建前においては、国民の代表機関である議会を中心に政治が行われるはずであるのに、ここでは行政権が、しかも国民に政治責任を負わない官僚が実際には政治を動かしているのである。

　この積極国家化による行政権の肥大は、国家の財政的危機を招くという問題を生じさせるだけではなく、それは憲法問題でもある。というのは、国民の権利を侵害する危険がそれだけ増大し、また国民に政治責任を負わない官僚が中心となることから、民主主義との関係でも無視することのできない問題であるからである。積極国家化による行政権の肥大は、現代国家にとって、止むを得ざるものであるとはいえ、各国共通の病理現象となっている。

　これに対して、諸外国では様々な対応が試みられている。たとえば、行政の長を国民が直接選出することにより、行政権に民意を反映させつつ官僚への指導力を高めようとする国がある。1958年制定のフランス第五共和制憲法下の大統領制がその一例であるが、独裁を招く危険があるとともに、これによって多種多様な民意を行政に反映させることができるのか疑問であるという声もある。わが国においても首相公選論が存在する。次に、オンブズマン（Ombudsman）の制度の採用がある。北欧に起源を有するもので、行政に対する苦情を気軽に訴えることができ、形式にとらわれない迅速な解決が得られるものである。北欧をはじめ、フランス、イギリス、カナダなどで採用されており、わが国でも地方自治体において、既に導入しているところがある（たとえば川崎市）。さらに、行政改革および規制緩和も、積極国家、行政国家からの転換を意味

第3節　近代統治機構の現代的変容

する面がある。

　各国とも、これらの制度の創設や改革によって積極国家からの転換を試みているが、どのような制度によって、どの程度の改革が適切なのかは難しい問題である。また積極国家化、行政国家化にはマイナス面だけではなく、国民、特に弱者保護に有用であるというプラス面も存在するので、それを一概に否定することはできない。いずれにせよ、議会制の再生を図ることは、現代国家における共通の課題といえる。

2　司法権の優位

　三権のなかでの議会の地位の事実上の低下と、人権意識の高まりによって、憲法を裁判所によって保護しようという動きが各国に出現してくる。近代の初期においては、議会による人権侵害ということは想定さえされていなかった。議会こそが憲法の、人権の守護者と考えられていたのである。それが、20世紀に入って、法律の合憲・違憲を裁判所が審査するという違憲立法審査権が、諸外国の憲法に採用され、とりわけ第2次世界大戦後の現代憲法に広く取り入れられるようになった。

　違憲立法審査権の母国とされるアメリカ合衆国では、憲法自体にその権限が明記されているわけではない。1803年のマーベリー対マディソン事件判決において、連邦最高裁のマーシャル長官によって、違憲立法審査権を行使する権限が裁判所に存在することが認められたのである。とはいえ、違憲立法審査権の行使が日常化し、当然のことのようになるのは、20世紀に入ってからのことである。アメリカ合衆国において、このような現象を違憲審査革命と言われることがあるが、この裁判所において生じた革命は、世界的規模で発生しているのである。

　ただし、違憲立法審査権の行使の方法は、各国において様々である。ここで詳細に述べることはできないが、今日、2つの型に大別することができる。1つは、上に述べたアメリカ合衆国であり、そこでは、通常

第1章　統治機構総論

の司法裁判所が、民事・刑事の裁判を解決するのに必要な場合に憲法判断をしている。日本国憲法のもとでの違憲立法審査権も、この型であると考えられ、そのように行使されている。これをアメリカ型違憲審査制、あるいは具体的・付随的違憲審査制と呼んでいる。もう1つの型は、ヨーロッパ大陸、とりわけドイツで行われているものであり、そこでは、特別な憲法裁判所が設けられ、憲法問題は最終的にそこで解決され、また具体的事件を離れての憲法判断、いわゆる抽象的違憲審査も行われている。これを、大陸型、あるいは憲法裁判所型という。

　今日、違憲立法審査権の行使は、その行使方法のいかんを問わず、現代憲法に普遍的に見られる現象であり、その役割への期待も高いといえよう。しかし、議会が制定した法律を最終的に無効にし、裁判所の判断をそれに替えるという面を有することから、違憲立法審査権は、近代憲法原則の1つである民主制と緊張関係に立たされることになる。この問題は、民主制をどのように捉えるかということとも関係するが、その核心が多数決主義と選挙責任のある政策形成にあるとすると、このいずれの要素をも有していない裁判所に（裁判所の判決は裁判官の多数決で決定されているが、国民の多数の意思が判断を形成しているのではない）、民主的な機関である議会の判断を覆す正当性があるのかが問題となる。しかし、裁判所にはこのような意味での民主主義に反する役割が、違憲立法審査権として、あえて与えられているのである。問題は、憲法判断をするについて、裁判所がどのような憲法解釈のあり方を採用すべきか（たとえば、憲法の文言に厳格に従って解釈すべきか、あるいは文言にとらわれないで自由に解釈すべきか）、積極的に憲法判断すべきか消極的であるべきか、にあるといえよう。

第2章　国民主権と象徴天皇制

第1節　国民主権

1　主権の意味

　主権という言葉は多義的であり、以下の3つの使われ方がある。
　まず、国家権力そのもの、言い換えると、統治権という意味で使用される場合がある。ポツダム宣言8項には「日本国ノ主権ハ、本州、北海道、九州及ビ四国並ニ吾等ノ決定スル諸小島ニ局限セラルベシ」と規定されているが、ここで述べられている主権は、この使われ方の例である。
　次に、国家権力の性質である、最高独立性の意味で使用される場合がある。国家権力は国内にあっては最高であり、対外的には独立しているということの意味である。日本国憲法前文3項にある「自国の主権を維持し」との使用例が、それである。
　最後に、国家意思の最終的決定権の所在を示す意味で使用される場合がある。日本国憲法1条の「主権の存する日本国民」という場合の主権は、この意味で使用されている。君主に主権が存在する場合が君主主権であり、国民に主権が存在するのが国民主権である。主権の意味としては、この第三の意味が最も重要である。

2　国民主権

　まず、国民主権という場合の「国民」の意味について考えてみよう。日本国憲法10条には「日本国民たる要件は、法律でこれを定める」と

第2章 国民主権と象徴天皇制

あり、国籍法が制定されている。わが国の国籍法は、出生による国籍の取得（国籍3条）と、帰化による国籍の取得（国籍4条）とを定めている。国民主権という場合の国民は、この国籍と一致する。従って、国民主権というのは、日本国籍を有する国民に、国家意思の最終的決定権が存在することを意味している。

国民は様々な考え、立場からなる者の集合体であり、国民の「総意」で国の政治を決定することは実際上不可能である。とすると、主権はあくまで理念・建前であることを認めざるを得ない。国民主権とは、正確に言えば、国民に国家意思の最終的決定権があるとの理念・建前なのである。

第2節 選　挙

1　選挙権と被選挙権

国民は主権者であり、国家意思を最終的に決定するのは国民である。しかし、国民主権を統治機構に直結することは、大統領を国民が直接選出すること、あるいは国民投票制度を設け、いくつかの重要な国家の課題を国民の投票結果によって決定することを除いては、大規模な近代国家では実現不可能である。そこで、国民は代表者を選出し、その代表者を通じて国の政治に参加することになるのであり、日本国憲法の場合もその例外ではない。とりわけ国会に代表者を送り込む選挙は、民主主義の核心であり、国民主権にとって最も重要なものである。

(1) 選挙権

選挙権は、国民が国の政治に参加する権利である。このような権利を参政権と呼ぶ場合もある。日本国憲法15条1項は「公務員を選定し、

及びこれを罷免することは、国民固有の権利である」と述べている。このように選挙権は基本的人権であるが、その行使については、一定程度以上の判断能力が必要とされることから、日本国民のうち年齢20年以上の者がその権利を有し（公選9条1項）、成年被後見人には選挙権が認められていない（公選11条1項）。現在外国人には国政選挙はもとより、地方選挙についても一切選挙権が認められていない。最高裁が、定住外国人の地方選挙について、法律をもって、選挙権を与える措置を講ずることは憲法が禁止するものではない、と述べたのが注目される（最高裁平成7・2・28民集49・2・639）。これまで外国に居住する日本国民には選挙権が認められていなかったが、国政選挙の比例選挙について、投票権が認められることになった。

(2) 被選挙権

被選挙権は権利ではなく、権利能力であり、公務員になることができる資格であるとの見解が存在する。しかし、被選挙権は選挙権と密接な関係にあり、国の政治への参加に直結することになる重要なものであことから、基本的人権であると理解することができる。最高裁判所も、立候補の自由について、憲法15条1項に直接規定してはいないが、同条同項の保障する重要な基本的人権の一つと理解すべきであると述べている（最大判昭43・12・4刑集22・13・1425）。選挙に当選することにより国政に直接関わることになることから、被選挙権は、選挙権よりも制約が多いが（公選法10条1項参照）、それが合理的である限り違憲となるものではない。

2　近代選挙法の原則

近代選挙法の原則として、普通選挙、平等選挙、秘密選挙、直接選挙、自由選挙があげられる。自由選挙とは、選挙運動が自由でなければならないことを意味するが、これは、選挙運動の自由と公正として述べるこ

第 2 章　国民主権と象徴天皇制

とにする。

(1) 普 通 選 挙

　納税額や所有する財産などを選挙権の要件とすることなく、広く選挙権を認める制度を普通選挙という。ほとんどの近代国家は、当初、制限選挙を採用していたが、民主主義を実現する要求の高まりとともに、普通選挙を確立していった。明治憲法のもとで、長く制限選挙が行われていたが、1925（大正 14）年、選挙法において財産的要件が取り除かれ、25 歳以上の男子に選挙権が認められたが、女子に選挙権が与えられ、完全な普通選挙が実現するのは 1945（昭和 20）年のことである。日本国憲法 15 条 3 項は「公務員の選挙については、成年者による普通選挙を保障する」と述べている。

(2) 平 等 選 挙

　各選挙人の投票価値が等しく扱われるのが平等選挙である。選挙人を納税額や社会的身分により等級に分けて選挙を行う等級選挙や、選挙人の財産や社会的身分に応じて一票のみ持つ者と、二票以上の投票をする者を認める複数選挙が存在したが、平等選挙ではこのような選挙制度は否定される。

　今日、不平等選挙として問題になるのは、人口の大幅な変動により、一票の価値が他の選挙区と比較して著しい不均衡になることである。最高裁判所は、定数配分が極端な不平等を生じさせるような場合のほか、立法政策に委ねられる問題であるとして、参議院議員の選挙について、約 1 対 4 の格差を容認した（最大判昭和 39・12・5 民集 18・2・2・70）。その後、衆議院議員の選挙について、約 1 対 5 の格差が生じた事件で、その不均衡は憲法の平等原則に反するとした。しかし、行われた選挙を無効にしたわけではなく（これを「事情判決」という）、また、どの程度の不均衡により無効となるのかを具体的に示したわけでもなかった（最大判昭和 51・4・14 民集 30・3・223）。その後、1986（昭和 61）年 7 月の総選挙

の2.92倍の格差を合憲、1990（平成2）年2月の総選挙の3.18倍の格差を違憲としていることから、最高裁は3倍を超えると違憲となると考えていることが窺える。学説においては、2倍を越える場合に違憲とするものが多い。なお、最高裁は、格差が3倍を越えるとすぐに違憲となると考えているわけではない。改正までの一定の合理的期間を猶予することを認めており、それは不平等状態を改めてから5年としていると考えられる。1983（昭和58）年の最高裁判決は、格差が3.94倍であったが、選挙は改正行為から約5年で、国会に認められた格差是正のための合理的期間内にあり、合憲とされた（最大判昭和58・11・7民集27・9・1243）。なお、参議院については、その特殊性から、1対6.59の格差について、合憲としている（最大判平成8・9・11民集50・8・2283）。1994（平成4）年、衆議院に小選挙区比例代表並立制が導入され、小選挙区の格差について1対2を目標とされたが、完全に実現するには至らなかった。

(3) 秘密選挙

選挙人が自己の自由な判断に基づいて投票することができるためには、秘密投票の原則が確保されていなければならない。選挙人が誰に投票したのかが明らかにされる公開投票制においては、社会的に弱い立場に置かれている選挙人が、自由に意思を表明することが困難だからである。日本国憲法15条4項前段は「すべて選挙における投票の秘密は、これを侵してはならない」と規定している。その後段では「選挙人は、その選択に関し公的にも私的にも責任を問われない」として、秘密投票制の趣旨が徹底されるようにしている。公職選挙法は、無記名投票（公選46条4項）、他事記載の無効（同68条1項）などを規定し、投票の秘密を徹底させようとしている。

(4) 直接選挙

選挙人が自ら直接選挙することを直接選挙という。近代も初期の時代においては、選挙人の判断能力を信頼することができないとして、選挙

第 2 章　国民主権と象徴天皇制

人がまず中間選挙人を選出し、これら委員がさらに投票することによって、代表者を決定するという間接選挙が行われたことがある。このような間接選挙が現在でも維持されている例として、アメリカ合衆国の大統領選挙がある（合衆国憲法修正第 12 条）。しかし、中間選挙人は各州で多数を得た大統領候補に投票することが慣習となっており、直接選挙に近いものになっている。しかし、この中間選挙人の数は必ずしも各州の有権者数に比例せず、人口数の少ない小さな州に有利に割り当てられていることから、合衆国全体では多数の支持を得ても、中間選挙人の数で過半数を獲得できないという逆転現象が、非常に稀ではあるが生ずる可能性がある。これが現実のものとなったのが共和党ブッシュ候補と民主党ゴア候補が争った、2000 年のアメリカ大統領選挙であった。アメリカ大統領の選出方法は、合衆国憲法に定められたものであることから、これを改めるには 4 分の 3 の州の賛成が必要であるが、小さな州に有利であることから、アメリカには批判する者も多いが、改めるのは容易なことではない。この制度は、国民に全幅の信頼を置かなかったことに由来することは確かであるが、現在では、州の権利を保護するためのものとして機能し、維持されていると言えよう。

3　選挙運動の自由と公正

　選挙運動は、選挙人にとっては投票をするための判断材料を得るために、立候補者にとっては有権者に自己の主張を知ってもらうために、非常に重要なものである。選挙運動の自由は民主主義には欠かせないものであり、表現の自由（憲 21 条）の保障の範囲内にあるものである。しかし、選挙運動は過去において、また現実にも不正を生じやすく、選挙の公正を保つためには、選挙運動を制限しなければならない場合があることも認めなければならない（公選 1 条）。わが国の公職選挙法は、その第 13 章に、選挙運動について詳細な定めをしている。しかし、それらの

第 2 節　選　挙

なかには、表現の自由の制限としては、行き過ぎではないかと思われるものが含まれている。以下では、事前運動、戸別訪問、文書図面の頒布・掲示の禁止の問題を取り上げる。

(1)　事前運動の禁止

公職選挙法は、選挙運動が許される期間を「公職の候補者の届出のあった日から、当該選挙の期日の前日まで」として（公選 129 条）、これに違反して事前運動をした者には刑罰が科せられる（公選 239 条）。最高裁判所は、選挙の公正さを確保するために、選挙運動期間を設けることは、表現の自由に対し許された必要かつ合理的な制限であるとしている（最大判昭和 44・4・23 刑集 23・4・235）。しかし、日常的な政治活動のなかから、事前の選挙活動を取り上げ制限することは非常に困難であり、このことは、結局現職に有利に、新人に不利に働くとして批判されている。

(2)　戸別訪問の禁止

戸別訪問は、日常的な政治活動としてみた場合、最も簡単でかつ有効な方法であり、当然憲法 21 条の表現の自由の保障がおよぶものである。しかし、公職選挙法はその 138 条で「何人も、選挙に関し、投票を得若しくは得しめ又は得しめない目的をもって戸別訪問をすることができない」と定め、選挙運動としての戸別訪問を一律に禁止している（罰則について、公選 239 条 1 項参照）。最高裁判所は、戸別訪問が、買収、利益誘導などの不正行為の温床となること、情実に訴え理性的公正な判断を害すること、候補者に無限の競争を強いること、選挙人の生活の平穏を害し迷惑となることなどを理由に、一貫してその合憲性を支持している（最判昭和 56・6・15 刑集 35・4・205）。しかし、戸別訪問と不正行為とが直接関係するという根拠に乏しいこと、たとえ弊害が生ずるとしてもこれを防止する手段が他にも存在する（買収を厳しく処罰するなど）ことなどを理由に、違憲であるとの主張も有力であり、下級審判決のなかには、違憲の判断を下したものがいくつか存在する。

第2章　国民主権と象徴天皇制

(3) 文書図画の頒布・掲示の禁止

文書図画の頒布や掲示などは、効果的な選挙運動の方法であり、憲法21条の表現の自由の強い保障を受けるものである。しかし、わが国の公職選挙法は、文書図画について、種類、枚数、形状などを制限する、詳細な規定を設けている。最高裁判所は、これらの制限を、憲法上許された必要かつ合理的制限であるとしている（最大判昭和30・3・30刑集9・3・6359）。

4　比例代表選挙と選挙区選挙

日本国憲法47条には「選挙区、投票の方法、その他両議院の議員の選挙に関する事項は、法律でこれを定める」と規定され、選挙に関する事項は法律事項とされている。しかし、他の憲法規定に違反するような定め方をすることは許されず、人権侵害となるような選挙制度を作ってはならないことは言うまでもない。

選挙の方法には、大きく分けて比例代表選挙と選挙区選挙とがある。わが国の衆議院議員の総選挙においては、比例代表選挙を地域に分けて行う方法を採用し（ブロック制）、比例代表選挙と選挙区選挙に議員定数を振り分け、併立させている。

(1) 比例代表選挙

比例代表選挙とは、政党を中心とした各グループの得票数に応じて議員を割り当てるものである。比例代表制には、選挙人の多様な意見や利害が議会に反映され、政党政治という現代国家の要請に応えることができるという長所がある。しかし、小党に分立して、政治を不安定にする恐れがあることも指摘されている。

(2) 選挙区選挙

選挙区とは、選挙人の区分単位で、選挙の結果を独立して決定するために設けられるものである。選挙区の区割りは選挙の結果に重大な影響

を与える。そこで、特定の党派または候補者のために人工的・不自然な選挙区を作成する、ゲリマンダリング（gerrymandering）を防ぐために、行政区画のような客観的な区域と一致させる方法が採用されている（公選13条・別表参照）。

選挙区には、一人の議員を選出する小選挙区と、二人以上の議員を選出する大選挙区とがある。わが国では、都道府県全体を一つの選挙区とする場合を大選挙区、都道府県をさらに数区に分け、その各区から二人ないし五人の議員を選出する場合を中選挙区と呼んで区別している。1994（平成6）年に小選挙区比例代表並立制が採用されるまで、衆議院議員の総選挙において、この中選挙区制度が実施されていた。小選挙区制、大選挙区制には、それぞれ以下のような長所と短所がある。

小選挙区制の長所は、
① 政党本位の政策中心の選挙となること、
② 議員に対する批判が選挙に反映されやすいこと、
③ 選挙費用の節約が可能となることである。

その短所は、
① 多数派のみが代表者を送り、少数派からの代表者が出にくいこと、
② 死票が多く出ること、
③ 選挙区間の議員定数の不均衡を改めるには、選挙区画の修正を必要とすることである。

大選挙区制の長所と短所はこの逆となる。

第2章　国民主権と象徴天皇制

第3節　象徴天皇制

1　天皇の地位

　天皇は、日本国の象徴であり日本国民統合の象徴であって、この地位は、主権の存する日本国民の総意に基づく（憲1条）。このように、日本国憲法のもとで、天皇は象徴としての地位をしめている。象徴とは、たとえば鳩は平和の象徴というような言い方をされるように、無形で抽象的なものを有形で具体的な存在で表すことをいう。天皇を日本国ないしは日本国民統合の象徴として、その有する社会心理的作用によって、既に存在する国の統合を強化しようとするものである。

　憲法1条によると、このような天皇の地位は、主権の存する日本国民の総意に基づくとされている。明治憲法においては、天皇は主権者であり（明憲1条）、統治権の総攬者であり（明憲4条）、その地位は国民の意思を超越した神勅、すなわち神の意思に基づくものとされていた。国民主権を基本原理とする日本国憲法では、天皇の地位を、主権者国民の意思に基づくとしたのである。

　一般国民とは異なる、世襲による特殊な地位をもつ天皇の存在を認めることは、そもそも民主制とは相いれない面をもつことは否定できない。しかし、日本国憲法は、これまでのわが国の伝統と国民感情とを考慮して、天皇の存在を認めているのである。日本国憲法では、国民主権と天皇制とを調和させるために、天皇を象徴とするとともに、その地位を国民の意思に基づくこととし、天皇に一定の権能を認めたとはいえ、国の政治に関わることを一切否定したのである。

　天皇にはこのように象徴としての地位が認められているが、その結果

として、様々な特例が設けられている。たとえば、天皇および皇族（皇族の範囲については皇室典範5条参照）は養子をすることができず（典範9条）、天皇および皇族男子の婚姻には皇室会議（典範28条以下参照）の議を経ることを必要とし（典範10条）、天皇、皇太子および皇太孫の成年は18年であり（典範22条）、また、天皇は選挙権および被選挙権を有せず、刑事訴追を受けることもない。最高裁は、天皇は日本国の象徴であり、日本国民統合の象徴であることから、天皇には民事裁判権がおよばないとしている（最判平元・11・20民集43・10・1160）。

2　皇位の継承

日本国憲法2条によれば、「皇位は、世襲のものであって、国会の議決した皇室典範の定めるところにより、これを継承する」。皇位すなわち天皇の地位の継承について、憲法は「世襲」（特定の血統、すなわち血縁関係にある者がその地位を継承すること）であることのみを定め、詳細は皇室典範の定めに委ねられている（なお、明治憲法時代の皇室典範には議会が何ら関与せず、皇室自らが制定し、その効力も憲法と同等のものであったが、現行の皇室典範は通常の法律である）。皇室典範4条によれば、「天皇が崩じたときは、皇嗣が、直ちに即位する」。皇嗣すなわち第1順位の皇位継承者は、天皇の崩御（死亡）という事実があれば、またそれのみに限って（生前退位は認められない）、皇位を継承することになる。皇位継承の資格について、皇室典範は、皇統に属する男系の男子に限っており、女帝は認めていない（典範1条）。皇位継承の順序についても、その詳細は皇室典範の定めるところであるが、直系優先、そしてそのなかでは長系優先の原則が採用されている（典範2条）。ただし、皇嗣に、精神もしくは身体の不治の重患があり、または重大な事故があるときは、皇室会議の議により、次の順位の者が皇位を継承することとされている（典範3条）。

第2章　国民主権と象徴天皇制

3　天皇の権能

(1)　国事行為

　憲法は、天皇にいくつかの国事に関する行為を行う権能を認めている。憲法4条1項は、「天皇は、この憲法の定める国事に関する行為のみを行ひ、国政に関する権能を有しない」と規定している。「国事」と「国政」の意味の相違は明確ではないが、結局、この規定は、天皇は憲法6条および7条に定められた国事行為を行うこと以外、政治に一切関与してはならないことを意味している。

　憲法3条は、これらの国事行為のすべてに、内閣の助言と承認が必要であるとしている。この規定は、「助言」と「承認」という2つの行為が必要であるようにも読め、またそのように理解した下級審判決もあるが（東京地判昭28・10・19行集4・10・2540、東京高判昭29・9・22行集5・9・2181）、憲法が2つの行為を要求しているとは考えられず、国事行為が内閣の意思に基づくことの要求である。すなわち、内閣の補佐という意味であるが、天皇は内閣の意思に必ず従わなければならないことは言うまでもない。内閣の「助言と承認」は、閣議によって行われるが、新たな内閣の発足の際の国務大臣の任命の認証については、内閣総理大臣が単独で行わざるをえない。また、天皇の国事行為の実質的内容を内閣が決定することとされている場合は、それを決定する閣議と「助言と承認」を行う閣議とは、事実上同一であってもよい。

　天皇の国事行為についての責任は内閣が負う（憲3条）。しかもその責任は、天皇に代る代理責任ではなく、内閣自らの責任である。憲法3条は、内閣が責任を負う相手方を明示していないが、それは国会に対してである（憲66条3項参照）。

　憲法6条および7条が列挙する国事行為には以下のものがある。

　　a）内閣総理大臣の任命（憲6条1項）　　実質的決定権は指名権をも

第 3 節　象徴天皇制

つ国会にある（憲 67 条参照）。

　b）最高裁判所長官の任命（憲 6 条 2 項）　実質的決定権は指名権をもつ内閣にある。

　c）憲法改正、法律、政令、および条約の公布（憲 7 条 1 号）　公布というのは、既に成立している法を国民に知らせるための表示行為である。法は公布によってその効力を発生する。公布の対象となる法に対して、天皇は拒否権や裁可権を有せず、必ず公布しなければならない。公布の時期について、憲法改正は国民の承認を経たとき「直ちに」（憲 96 条 1 項）、法律は国会の議決のあった旨の奏上の日から 30 日以内に（国会 66 条）、政令および条約については特に定めがなく、内閣がこれを決定することになる。これらの法令の公布方法について特に定める規定は存在せず、官報によって行われているが、これは慣習法になったといってよい。

　d）国会の召集（憲 7 条 2 号）　国会の召集というのは、国会の会期を開始させるために、国会議員を一定期日に一定の場所に集合させることをいう。この実質的決定権は内閣にある。

　e）衆議院の解散（憲 7 条 3 号）　衆議院議員の任期満了前に、全議員の資格を失わせる行為を解散という。実質的決定権は内閣にある。従って、内閣が衆議院を解散することができるのは、憲法 69 条の場合、すなわち内閣不信任案が可決されたとき、あるいは信任案が否決された場合に限られるわけではない。

　f）国会議員の総選挙の施行の公示（憲 7 条 4 号）　ここにいう総選挙には、衆議院議員については、その任期満了または解散によって行われる「総選挙」が、参議院議員については、3 年ごとにその半数について行われる「通常選挙」が含まれる。選挙の期日とその公示の時期は公職選挙法に定められているが（公選 31 条・32 条参照）、そこに定められている法定の制限内で、実質的には内閣が決定する。

第2章　国民主権と象徴天皇制

　g）国務大臣および法律の定めるその他の官吏の任免並びに全権委任状、大使および公使の信任状の認証（憲7条5項）　認証というのは、ある行為が正当な手続で成立していることを公に証明する行為のことである。認証は行為の成立要件でないのはもちろん、効力発生要件でもない。その任免について、法律によって天皇による認証がなされるものとして、最高裁判所判事（裁39条3項）、検事総長（検察15条）、人事官（国公5条2項）などがある。全権委任状とは、外交交渉を行う権限を証する書面のことである。

　h）恩赦の認証（憲7条6号）　恩赦は、そもそもは君主の特権として認められてきたものである。日本国憲法では、内閣が決定権を有することにしている（憲73条7号）。

　i）栄典の授与（憲7条7号）　栄典とは、人の栄誉を表彰するために与えられる特別な措置のことである。憲法14条2項は、栄典にいかなる特権も伴ってはならないことと、その効力は、現にこれを有し、または将来これを受ける者の一代に限ると規定している。この栄典の授与について具体的な決定をするのは内閣である。また、地方公共団体など、天皇以外が栄典を授与することを禁ずるものではない。

　j）批准書および法律の定めるその他の外交文書の認証（憲7条8項）　署名・調印された条約を審査、承認した上で、その効力を確定させるために、国家の最終的意思表示をする文書を批准書という。通常、批准書の交換によって、条約はその効力を発生する。批准書などの外交文書を作成するのは、外交関係を処理する権限を有する内閣である（憲73条2号参照）。

　k）外国の大使および公使の接受（憲7条9号）　接受とは、接見するという儀礼的行為のことである。大使などの外交使節にアグレマン（接受国として承認する旨の意思表示）を与えるのは、外交関係を処理する権限を有する内閣である（憲73条2号参照）。

第 3 節　象徴天皇制

　1）儀式を行う（憲 7 条 10 号）　ここにいう儀式は、天皇が主宰する国家的儀式である。皇室内の儀式は私的行為であり、ここでいう儀式には含まれない。皇室典範の定める、即位の礼（典範 24 条）、大喪の礼（典範 25 条）などである。これらの儀式は、政教分離の原則から、宗教的色彩をもってはならないことに、特に注意しなければならない（憲 20 条 3 項参照）。

(2)　権能の代行

　天皇が国事行為を行うことができない事態が発生した時のために、憲法には摂政と国事行為の委任代行という二つの制度が定められている。

　a）摂　政　「皇室典範の定めるところにより摂政を置くときは、摂政は、天皇の名でその国事に関する行為を行ふ」（憲 5 条前段）。摂政を置く場合について皇室典範は、天皇が成年（満 18 年）に達しないときと、天皇が精神若しくは身体の重患または重大な事故により、国事に関する行為を自らすることができないときとしている（典範 16 条）。後者の場合には、皇室会議の議を経て置かれる。摂政となる資格と順序については、皇室典範 17 条が規定しているが、皇族女子にも就任権がある。摂政は天皇の法定代行機関であり、天皇同様国政に関する権能を有しないのはもちろんである（憲 5 条後段参照）。なお、摂政は在任中訴追されない（典範 21 条）。

　b）国事行為の委任　「天皇は、法律の定めるところにより、その国事に関する行為を委任することができる」（憲 4 条 2 項）。この規定に基づいて、1964（昭和 39）年に国事行為の臨時代行に関する法律が制定された。この法律では、天皇に精神若しくは身体の疾患または事故のあるとき、摂政を置くべき場合を除き、内閣の助言と承認により、摂政となる順位にあたる皇族に委任して臨時代行させることにしている（国事行為 2 条）。

第2章　国民主権と象徴天皇制

　4　天皇の公的行為

　天皇の行為として、国事行為以外に、相撲や野球の観戦、生物の採取など、私人として私的行為を行うことが許されるのは言うまでもない。では、天皇には、国事行為以外に、公的行為を行うことは認められないのであろうか。国会開会式における「おことば」、外国の元首との親書・親電の交換、諸外国の公式訪問、国内各地の巡行など、国事行為ではないが、また私的行為とみなすこともできない公的行為を天皇は行っている。国事行為以外の公的行為は許されないとの学説も存在する。しかし、通説は、これら公的行為を、象徴としての天皇の行為（象徴行為）として憲法上認められるとしている。すなわち、象徴の機能は、その静態において認められるのが普通であるが、人間象徴という、むしろ異例に属する天皇においては、その動態における行為も問題になりうるという。しかし、天皇の象徴性自体から、このような帰結を導き出すことに対しては批判もなされている。むしろ近時では、天皇は象徴であり、また一定の国事行為を行う存在として、公人であり、そのような公人として儀礼的行為を行うことを認めようとする学説が有力になってきている。ただし、国事行為以外の公的行為が認められるとしても、天皇は国政に関与してはならないから（憲4条1項参照）、儀礼的事実行為を行うことに限られる。また、私的行為のように、自由に行うことは許されず、内閣が直接に、あるいは宮内庁（皇室の事務を処理するために設けられる内閣府の外局）を通じて間接に補佐し、そしてその責任も内閣が負うことになる。

　5　皇室の財政

（1）皇室財産の国有化

　「すべて皇室財産は、国に属する」（憲88条前段）。この規定は、明治

第 3 節　象徴天皇制

憲法下に皇室が保有していた御料林などの巨大な財産を解体させるという、経過規定としての意味をもつとともに、今後もこのような皇室財産を認めない趣旨である。ただし、生活必需品など私的生活の用に供している財産、および三種の神器のような「皇位とともに伝わるべき由緒ある物」（皇経 7 条）は、皇室の私産として認められ、ここでいう皇室財産には含まれない。また、皇居、御用邸などは、国有財産であるが、皇室用財産（国財 3 条 2 項 3 号）として、皇室の用に供されている。

(2)　皇室の経費

「すべての皇室の費用は、予算に計上して国会の議決を経なければならない」（憲 88 条後段）。明治憲法のもとでは、皇室の経費は、皇室財産から生ずる収入と国庫から支出される皇室費とによって賄われていたが、皇室費について増額する場合にのみ議会の議決が必要とされた（明憲 66 条）。明治憲法のもとでは、皇室費の収支についてほとんど議会のコントロールがおよばず、皇室自律主義が採用されていたが、日本国憲法では、皇室財産を国有化するとともに、皇室の経費を国が負担し、毎年予算に計上して国会の議決を経ることを要するとして、皇室財産の民主化を図ったのである。皇室経済法によれば、皇室の経費は以下の三種類に分けて予算に計上される（皇経 3 条）。

　a) 内廷費（皇経 4 条）　天皇ならびに皇后その他内廷にいる皇族の日常の費用にあてるものである。御手元金として使用され、宮内庁の経理に属する公金とはされない。

　b) 宮廷費（皇経 5 条）　内廷費以外の宮廷諸費にあてられる。公金として宮内庁で経理する。

　c) 皇族費（皇経 6 条）　皇族としての品位保持などにあてるために支出される。各皇族の私産となり、宮内庁の経理に属さない。

(3)　財産授受の制限

「皇室の財産を譲り渡し、又は皇室が、財産を譲り受け、若しくは賜

第 2 章　国民主権と象徴天皇制

与することは、国会の議決に基づかなければならない」(憲 8 条)。皇室への財産の集中、および皇室と特定の者との結合を防止するために、有償、無償を問わず、皇室の財産の授受に国会の統制をおよぼそうとするものである。

第 3 章 国　　会

第 1 節　国会の地位

1　国権の最高機関

　日本国憲法 41 条において、国会は、国権の最高機関であるとされている。この点について、国権の発動を全般的に考慮して、常に正しい状態にあるよう意を用いること、すなわち国権の統括をなす意味に理解する学説がある（統括機関説）。しかし、この規定はそうではなく、国会が三権の中で相対的に優越した立場に立ち、国政において中心的な地位をしめることの政治的宣言であると理解すべきである。いわゆる政治的美称説と呼ばれる考え方である。

2　国民の代表機関

　日本国憲法は国会を国民の代表機関としている（憲前文 1 段・43 条 1 項）。中世身分制議会（等族議会）は、命令的委任、すなわち選挙人の訓令権、代議士の報告義務、および選挙人による罷免権など、委任者が受任者を拘束する制度を背景に、身分的利害の代弁の場とされていた。それに対して、近代議会は、全国民を代表する議員からなる、国民代表機関として出発したのである。ただし、近代議会制の初期においては、国民の代表機関であるとはいえ、必ずしも民意による統制になじむ機関とはいえなかった。普通選挙制が確立するとともに、議会は民意を代弁すべきものとされ、ここに議会制と民主主義が結合し、いわゆる議会制民主主義

の観念が成立したのである。フランスの憲法学では、近代初期の議会制における代表のあり方を純粋代表制と呼ぶのに対して、それ以降のを半代表制と呼んでいる。後者においては、代表とは、国民の政治的見解と国民が選んだ代表者の政治的見解との類似以外の何ものでもないことになる。日本国憲法のもとでの代表のあり方は、この半代表制であると理解することができる。

3 唯一の立法機関

　日本国憲法は国会を国の唯一の立法機関としている（憲41条後段）。ここでいう立法は、実質面に着目した概念であり（実質的意味の立法）、国民の権利・義務に関する一般的法規範の定立を意味し、さらには国家とその機関との関係に関する法規範の定立をも含めたものを意味している。

　国会が唯一の立法機関であることの意味は、国会中心立法の原則と国会単独立法の原則から構成される。国会中心立法の原則とは、国の立法を国会が独占することである。ただし、その例外として、日本国憲法は、議院に規則制定権を（憲58条2項）、最高裁判所に規則制定権を（憲77条）、地方公共団体に条例制定権を（憲94条）それぞれ認めている。また、この原則から、行政権が定立する命令は執行命令（憲73条6号参照）と委任命令（憲73条6号但書参照）に限られることになる。国会単独立法の原則とは、国の立法は国会の議決のみで成立するということである。明治憲法では天皇に裁可権が認められていたが（明憲6条）、日本国憲法のもとでは否定され、両議院の議決のみで成立する（憲59条1項）。法律の公布は天皇の国事行為とされているが（憲7条1号）、法律を公示する形式的行為であり、法律の効力を左右するものではない。

第2節　両院制

　わが国の国会は、衆議院および参議院の両議院から構成されている（憲42条）。このように、議会が2つの院から構成されことを、一院制に対して、両院制あるいは二院制という。両院制にも、貴族院型、連邦型、職能型などの様々な型が存在するが、第二院としてのわが国の参議院の存在理由はどこにあるのであろうか。通常いわれることは、立法部内における権力分立原理のあらわれとしての抑制・均衡を実現すること、審議に慎重を期し、またその間に世論を反映させること、両院の協力によって国政を円滑にすることである（この点では参議院の緊急集会制度が重要である）。日本国憲法の規定をみると、衆議院議員の任期は4年であるのに対して参議院議員は6年であり（憲45条・46条）、しかも参議院には解散がない。このことは、参議院議員の地位を安定させ、衆議院の「数の政治」に対して「理の政治」を実現しようとのあらわれであるといえよう。しかし、参議院においても政党化が進行し、ミニ衆議院化しているのが現実である。参議院には、1982（昭和57）年以来、全国区制にかえて拘束名簿式比例代表制が導入された。確かに全国区制には選挙費用が莫大になりすぎるなど弊害があったことは否定できないが、比例代表制の採用は参議院の政党化をさらに促進させ、特色のないものにするおそれが存在する。

　各院はそれぞれ独立して活動し、両院の議決が一致した場合に国会としての議決が成立する（憲法59条1項）。これを相互独立の原則というが、両院の議決が一致しないことによる国政の停滞を避けるため、憲法は衆議院に優越した地位を認めている（憲59条2項・3項・4項・60条1項・2項・61条・67条参照）。なお、両院の間に意見の不一致があった場

第3章 国　会

合の調整のために、両院協議会の制度が存在している（憲60条2項・61条・67条2項、国会84条—91条）。

第3節　議員の特権

1　歳費を受ける権利

両議院の議員は、法律の定めるところにより、国庫から相当額の歳費を受ける（憲49条）。

2　不逮捕特権

両議院の議員は、法律の定める場合を除いては、国会の会期中逮捕されず、会期前に逮捕された議員は、その議院の要求があれば、会期中これを釈放しなければならない（憲50条）。この不逮捕特権は、歴史的には、君主が国民代表議会を自己の権力支配の下におこうとすることを防ぐために認められるようになったものである。法律の定める例外として、国会法は、現行犯逮捕による場合と、会期中の院の許諾がある場合の逮捕をあげている（国会33条・34条）。

3　免責特権

両議院の議員は、議院で行った演説、討論または表決について、院外で責任を問はれない（憲51条）。これを免責特権という。国民はそもそも言論の自由を持つが（憲21条参照）、議院内での演説などについては、さらに法的責任を解除することによって、議会が有効に機能することを狙ったものである。「議院で行った」とは、国会議事堂内でということではなく、地方公聴会など、議院の活動として行ったという意味である。

対象となる行為としては、「演説、討論又は表決」そのものだけではなく、それに付随する行為も含まれるが、暴力行為は除外される。免除される責任は、民事責任（不法行為責任など）、刑事責任（名誉毀損罪など）であるが、議員と他の公務員とを兼職する場合には懲戒責任も含まれる。なお、議院で行った演説などを理由に、議員が所属政党や支持団体から除名されたり、選挙民によって政治責任・道義的責任を追及されることは、免責特権の関知しないところであり、議会制民主主義にとってはむしろ必要かつ望ましいことである。

なお、議員個人の責任についてではなく、国家賠償法1条1項の成立については、当該国会議員がその職務とは関わりなく、違法または不当な目的をもって事実を摘示し、あるいは虚偽であることを知りながらあえてその事実を摘示するなど、国会議員がその権限の趣旨に明らかに背いてこれを行使したものと認め得るような特別の事情があることが必要とされている（最判平成9・9・9民集51・8・3850）。

第4節　国会の運営

1　会　　期

国会を常時活動させるのではなく、一定の期間に限り活動させる仕組みを会期制といい、その期間を会期という。日本国憲法は会期について明記していないが、国会を「常会」（憲52条）と「臨時会」（憲53条）とに分けていることから、このことを前提にしているといえる。会期はイギリスにおける慣行から生じたといわれているが、活動期間を限ることによって議事の集中をはかり、国会での活動以外の時には選挙民と接触することを可能にさせ、さらには行政の能率が国会対策によって阻害さ

第 3 章 国　　会

れることがないようにとの狙いがある。また、会期の延長が与野党間の攻防の的となることからもわかるように、会期の存在は、次に述べる会期不継続の原則と相まって、法案を廃案に追い込むための野党の重要な対抗手段として機能している。

(1) 会期不継続の原則

国会法に、「会期中に議決に至らなかった案件は、後会に継続しない」（国会 68 条）とあるように、明治憲法時代の慣例にならい、会期不継続の原則が採用されている。ただし、例外として、議院の議決により、委員会に閉会中審査することを付託された案件、および懲罰事犯の件は後会に継続する（国会 68 条但書）。

(2) 一事不再議の原則

同一会期において、いったん議決した事項を再び議決することは、会議体の円滑かつ一貫した運営をする上で好ましくない。一事不再議の原則について、明治憲法 39 条は明記していたが、日本国憲法下では憲法をはじめ規定しているものがない。しかし、この原則を日本国憲法が否定しているとは考えられない。ただし、衆議院の再議決（憲 59 条 2 項）はこの例外となるものであるし、会期中に事情が変更した場合には適用しないなど、厳格な適用は避け、柔軟に対処していくべきである。

(3) 会期の種類

a) 常会（通常国会）　毎年 1 回、常例として 1 月中に召集される（憲 52 条、国会 2 条）。会期は 150 日間、1 回の延長が可能である（国会 10 条・12 条）。

b) 臨時会（臨時国会）　臨時に召集されるものである（憲 53 条）。国会法では、さらに、衆議院議員の任期満了による総選挙が行われたとき、および参議院議員の通常選挙が行われたときには召集を義務付けている（国会 2 条の 3）。臨時会の会期は、両議院一致の議決で定め（国会 11 条・13 条）、2 回まで延長することが可能である（国会 12 条）。

c) 特別会（特別国会）　衆議院の解散による総選挙が行われた日から30日以内に召集されるものである（憲54条1項）。会期の決定および延長は臨時会の場合と同様である（国会11条・12条・13条）。なお、特別会は常会と併せて召集することが可能である（国会2条の2）。

2　議事手続

(1) 定足数

議事を進行させ議決するために、最小限必要とされる出席者数を定足数という。日本国憲法56条1項では、各議院について、その定足数を総議員の3分の1としている。ここで言う「総議員」について、欠員を除いた現在議員数を指すとの有力説も存在するが、国会の先例においては法定議員数であるとされている。憲法56条1項が要求する3分の1の定足数は本会議の場合であり、委員会の場合には2分の1となっている（国会49条）。

(2) 表決

会議体の意思決定に必要な数を表決数という。日本国憲法では、「両議院の議事は、この憲法に特別の定のある場合を除いては、出席議員の過半数」で決するとしている（憲56条2項）。ここでいう「議事」には、広く議院の意思決定を含むが、議長および各種の委員会の長などの選挙は除かれ、これらは法律ないしは議院規則に委ねられている。「出席議員」のなかに、棄権した者、および無効投票や白紙投票をした者を算入するかが問題となるが、これについては算入されると考えられている。可否同数のときには議長の決するところによるとし、議長に決裁権を認めている（憲56条2項）。ただし、議長は議員としての表決には加わらないのが先例となっている。

(3) 会議の公開

日本国憲法は、両議院の会議は公開とするとして、会議公開の原則を

第3章 国　会

定めている（憲57条1項）。ただし、出席議員の3分の2以上の多数で議決したときは、秘密会を開くことができる（憲57条1項但書）。会議の公開は、国会を国民の監視と批判のもとにおくこと、選挙権行使の際の参考にすること、世論を形成しそれを国会にフィード・バックすること、および国政について国民に情報提供をすることのために有用であることから、議会制民主主義に不可欠な原則であるとされている。会議公開の原則の重要な要素としては、傍聴の自由、議事録の保存・公表・頒布、および報道の自由がある。本会議については、種々の制限がついているとはいえ傍聴の自由が認められ、議事録を公表することなどの憲法57条2項の要請から、会議録は官報に掲載され頒布されている。しかし委員会については、国会法によれば、議員および報道の任務にあたる者その他の者で委員長の許可を得たもの以外には傍聴を許さないこととし、非公開の原則がとられている（国会52条1項）。憲法57条1項には「両議院の会議」とあることから、委員会を国民が傍聴することは、憲法上の要請ではないと考えられているのであろう。しかし、議院の活動において、本会議ではなく、委員会中心主義がとられていることからみて問題である。実際には、報道が活発になされることによって救済されているといえる。また、委員会の会議録についても、議員にのみ配布され、一般人には法令上配布を義務付けていないが、この点も問題である。

3　参議院の緊急集会

　衆議院が解散されると会期は終了し、参議院は同時に閉会となる（憲54条2項本文）。これは同時活動の原則のあらわれである。この例外をなしているのが参議院の緊急集会である（憲54条2項但書）。ただし、そこで採られた措置は、あくまで緊急のための代行措置であり、臨時のものであるから、次の国会開会の後10日以内に衆議院の同意がない場合には、その効力を失うことになる（憲54条3項）。

第5節　国会の権能

　衆議院と参議院からなる合成機関としての、国会の憲法上の主な権能を列挙すると、以下のようになる。

1　法律の制定権（憲59条）
2　内閣総理大臣の指名権（憲67条）
3　弾劾裁判所設置権（憲64条）
4　条約締結の承認権（憲73条3号）
5　財政統制権（憲83条）
6　憲法改正の発議権（憲96条1項）

第6節　議院の権能

1　国政調査権

(1)　本質論争

　日本国憲法62条によれば、「両議院は、各々国政に関する調査を行ひ、これに関して、証人の出頭及び証言並びに記録の提出を要求することができる」とし、国政調査権について規定している。国政調査権について、従来から、それは独立権能なのか、それとも補助的権能なのかをめぐって争われてきた。独立権能説は、憲法41条の「国会は、国権の最高機関」であることの意味を、国会が行政機関、司法機関の上に立ち、国家権力を統括することを認めた趣旨であると理解し（統括機関説）、国政調査権は、議院がこの国家権力の統括をする一方法であると主張する。こ

第3章 国　会

れに対して補助的権能説は、「国会は、国権の最高機関」であることを、いわゆる政治的美称として理解し、国政調査権は、憲法に明示された国会ないし議院の諸権能を実質的に裏付け、その実効的な行使を可能にするための補助的権能であるとする。

(2) 調査権行使の目的

調査の目的を分類すると、法制定、行政監督、議員の資格審査・除名になる。近時、国民への情報提供作用が国政調査権の独立した目的となりうるかが議論されているが、通説はその重要性を十分に認めながらも、独立した目的として承認することには否定的である。

(3) 調査権行使の限界

a) 人　権　人権が国政調査権行使の限界になることはもちろんである。この点では特に私人のプライバシーとの調整が問題となる。ただし、政府高官などのいわゆる公人のプライバシーは、限界とはならない場合が多い。

b) 検察権　検察権の行使は、本来行政作用であるから、当然国政調査の対象になる。ただし、検察にはいわば「準司法的保障」が与えられなければならないことから、検察権との関係で、国政調査権の行使を狭く考える傾向にある。しかし、国政調査権は国民の知る権利に仕える重要な役割を果し、またわが国ではスタッフ不足などから、議院や委員会自らが情報を収集することが困難であることを考えると、これをあまり狭く考えるべきではない。起訴・不起訴について不当な政治的圧力を加えることが明白な調査や、捜査・公訴追行に重大な障害となる調査以外は、正当な調査権行使の範囲内にあるといえよう。

c) 司法権　国政調査権の行使によって司法権の独立を侵害してはならない。この点で、裁判所が審理を開始した事件を、議会が並行して調査する、いわゆる並行調査が許されるかが問題となる。これに反対する有力な学説も存在するが、具体的な調査対象、方法のいかんによって

は司法権の独立を侵害する危険があるとはいえ、同一事実につき裁判手続が係属中であることを理由に、一般的に禁止されるべきではない。

　d)　行政秘密　　国政調査権の行使によって明らかにされるべきではない行政秘密かどうかについて、内閣と議院が衝突した場合、議院における証人の宣誓及び証言等に関する法律によれば、最終的には「国家の重大な利益に悪影響を及ぼす旨の内閣の声明」が出されると、議院はそれ以上追求できないことになる（議院証言5条）。

2　議員の資格争訟の裁判権

選挙の効力を争う選挙訴訟（公選204条・205条）、および当選人を決定した行為を争う当選訴訟（公選208条・209条）は司法裁判所の管轄であるが、議員の資格に関して、日本国憲法55条は、議院の自律性を尊重して議院に裁判権を与えている。ただし、議員の議席を失わせるには、出席議員の3分の2以上の多数による議決を必要とする（憲55条但書）。議員の資格は法定されるが（憲44条）、被選挙権（公選10条）、兼職の禁止（国会39条・108条）などが問題になる。

3　懲罰権

両議院は、院内の秩序をみだした議員を懲罰に付することができる（憲58条2項本文）。懲罰の種類としては、公開議場における戒告、陳謝、一定期間の登院停止、および除名がある（国会122条）。ただし、議員を除名するには、出席議員の3分の2以上の多数による議決を必要とする（憲58条2項但書）。議院の自律性を尊重し、懲罰は司法審査の対象にならないと考えられている。

4　規則制定権

両議院は、それぞれその会議その他の手続および内部の規律に関する

第 3 章 国　　会

規則を定めることができる（憲 58 条 2 項）。議院規則は院内でのみ効力を持つことから、公布されない。明治憲法以来（憲 51 条）、憲法と議院規則との間には法律（現在では国会法）が介在し、議院規則では、その法律の細則を定めるのが通例となっている。法律との効力関係について、議院規則は法律より劣る。

第 7 節　政　　党

1　現代議会政治における政党の役割

　国会を構成する議員は、そのほとんがいずれかの政党に所属している。現代国家は政党国家であるといわれるが、政党は多様な国民の利益を国会の場において統合する重要な役割を果している。株式会社が政党に対して政治献金をすることが許されるかが争われた、八幡製鉄政治献金事件判決のなかで、最高裁は次のように述べている。憲法は政党について規定するところがなく、これに特別の地位を与えてはいないのであるが、「憲法の定める議会制民主主義は政党を無視しては到底その円滑な運用を期待することができないのであるから、憲法は、政党の存在を当然に予定しているものというべきであり、政党は議会制民主主義を支える不可欠の要素なのである。そして同時に、政党は国民の政治意思を形成する最も有力な媒体である」（最大判昭和 45・6・24 民集 24・6・625）。議院内閣制のもとでは、国会と内閣というよりは、与党と野党の均衡関係が実際の政治を決定していくことを考えれば、なおさら政党の重要性を理解することができる。

第 7 節　政　党

２　政党の憲法上の地位

　政党に憲法上の地位を与えている国がいくつか存在する。ドイツ連邦共和国基本法 21 条、イタリア共和国憲法 49 条、フランス第 5 共和国憲法 4 条などに、政党についての規定が存在している。このなかでは、とくにドイツの例がよく知られている。ドイツ連邦共和国基本法（1949 年）21 条の 1 項と 2 項は、次のように規定している。

① 　政党は、国民の政治的意思形成に協力する。その設立は、自由である。その内部秩序は、民主的原則に適合しなければならない。……

② 　政党で、その目的または党員の行為が自由な民主的基本秩序を侵害もしくは除去し、または、ドイツ連邦共和国の存在を危うくすることを目指すものは、違憲である。違憲の問題については、連邦憲法裁判所がこれを決定する。

　この規定は、トリーペル（H. Triepel, 1868—1946 年）というドイツの学者の政党に対する国法の 4 段階説、すなわち、「敵視」→「無視」→「承認と合法化」→「憲法的編入」に従えば、最後の憲法的編入の段階に達したものということができる。しかし、この規定は、政党に憲法的地位を与えるとともに、政党に強い規制を加えるものでもあることに注意しなければならない。これは、ナチスがワイマール憲法のもとで成立したことを踏まえての「闘う民主主義」の現れとして理解される。

３　日本国憲法と政党

　日本国憲法においては、政党について特に述べるところはないが、それは憲法 21 条の結社の自由の保障するところであるといえる。政党について規定し、あるいは政党の存在を前提とする規定が含まれている法律が、いくつか存在している（たとえば、政治資金規正法 3 条、公職選挙法

第3章 国　　会

86条の2、国会法46条参照）。法律によって政党を規制する場合には、それが憲法21条で保障されている結社としての政党の自由の侵害となってはならない。わが国においても、ドイツのように、政党に憲法上特別の地位を与え、あるいは政党法を制定することが主張されてきた。しかし、政党が国政において重要な地位をしめていることは間違いないとしても、本来政党は自然発生的であるべきであり、また保護には規制が伴いやすいことから、慎重な意見が多い。なお、1994（平成6）年に政党助成法が成立し、政党に対して政党交付金が交付されることになり、政党の存在がますます重要なものとされるようになった。しかし、この法律については、交付金の支出についての監視が不十分であること、政党による過去の得票数を基準として算出交付されることから、新政党や小政党の存在を軽視するものであるなどの批判が存在する。

第4章 内　　閣

第1節　内閣の地位

1　行政権

　日本国憲法65条は「行政権は、内閣に属する」と定めている。この規定は、国会を唯一の立法機関とし（憲41条）、またすべての司法権が最高裁判所および下級裁判所に属する（憲76条）との規定とともに、日本国憲法が権力分立制を採用していることの表明であるといわれる。これら三権のうち、立法とは国民を拘束する一般的・抽象的法規範の定立を意味し、司法とは法規範を具体的事件に適用してそれを裁定する作用である、と比較的容易に定義することができる。それに対して、行政となると、国防、外交、治安維持などの古くから行政として行われてきたものから、社会福祉、経済政策、環境保全などの新しい行政分野まで、すべてを包括した定義をするのは至難の業であるといわざるをえない。もっとも、「近代国家における行政は、法の下に法の規制を受けながら、現実に国家目的の積極的実現をめざして行われる全体として統一性をもった継続的な形成的国家活動である」と定義する有力説がある（田中二郎）。しかしこの説に対しては、これによってすべての行政を捉えきれるのか、また「国家目的の積極的実現」の意味が不明であるなどの批判がなされている。そこで今日多くの学説は、行政とは国家作用の中から立法と司法を除いたもの、という控除説に甘んじている。これは、ヨーロッパにおいて、王権のもとから立法権と司法権が分離し、残され

第4章　内　閣

たものが行政権と呼ばれるようになったという、歴史的経緯に合致することからも支持をえている。ただし注意しなければならないのは、控除説はあくまで行政を定義する上での学説であり、国家作用の帰属の問題とは別であるということである。すなわち、帰属不明な国家の権限（たとえば国家計画の策定）は、行政に属することになるわけではなく、「国会の最高機関性」からいって、国会に属するとの推定が成立する余地がある。

また、行政権が内閣に属するということの意味は、立法権が国会に、司法権が裁判所に属するというのとは意味合いを異にする。すなわち、国会および裁判所は、それぞれ立法権および司法権の実施機関であるのに対して、内閣は、原則として、自ら実際に行政権を行使する機関ではなく、行政各部（財務省、文部科学省など）によって形成される行政組織の統轄機関なのである（行組2条参照）。内閣は、閣議によって重要な政策決定を行い、行政各部を指揮監督するのである。

行政権が内閣に属し、内閣が行政組織の統轄機関であることから、問題になるのが行政委員会の存在である。なお、会計検査院（憲90条参照）も内閣から独立し、指揮監督を受けないことから一応問題となるが、これは憲法が認めた例外であるから違憲とはならない。行政委員会は、19世紀末から20世紀にかけてアメリカ合衆国において発達したものであるが、行政権から程度の差はあれ独立して職権を行使し、委員の身分保障がなされ、委員会という合議制機関であり、行政事務のみならず、規則制定などの準立法権、さらには争いを裁定する準司法権を有する。わが国においては、戦後連合国軍総指令部（GHQ）の指導により、官僚主導行政の排除、内閣への権限集中の緩和、行政の民主化の要請から、20以上の行政委員会が設立された。しかし、占領の終了とともに、わが国の風土になじまないこと、非能率であることから、多くは廃止されたり、審議会に改組されたりした。現在活動しているのは、人事院、公正取引

第1節　内閣の地位

委員会、国家公安委員会などである。このような行政委員会を設けることは、「行政権は、内閣に属する」(憲65条)との憲法の要求に反し、ひいては内閣が行政について国会に対して責任を負うとの、議院内閣制の責任体制に反することになるのではないかが問題となり、違憲論も主張されてきた。合憲論にも様々なものがあるが、これら委員会に対しても人事や予算を通じての内閣による最小限のコントロールがおよぶこと、行政委員会が設置されている行政分野は、その職務の特殊性からみて政治的な中立性が要請され、その執行には内閣からのかなりの程度の独立性が要請されることから、別段違憲とするにはおよばないといえる。

2　議院内閣制

近代国家の憲法は、権力分立制を基本原則としつつも、各国それぞれの事情を反映して、様々な統治の仕組みを採用している。立法権と行政権との関係に注目した場合、2つに大別できる。1つは大統領制といわれるもので、アメリカ合衆国に典型的にみられ、立法府と行政府とを厳格に分離するものである。もう1つは、議院内閣制であり、これはイギリスにおける慣行から形成されてきたもので、行政権を行使する内閣と議会とを分立させるが、内閣が議会、特に下院の信任を条件として存在している制度である。なお、このようなイギリスをモデルとした議院内閣制に対して、フランスのように、内閣が議会と大統領両者の信任に基づいている型も存在する。イギリスのような型を一元型議院内閣制、フランスのような型を二元型議院内閣制と呼んでいる。

明治憲法の下では、天皇が統治権の総攬者であり(明憲4条)、行政権の主体であり、国務各大臣がこれを輔弼することになっていた(明憲55条)。内閣は、実際上輔弼の任にあたっていたが、憲法上の制度ではなく、また議会に対する責任も存在しなかった。これを超然内閣制という。もっとも、大正末期から昭和初期にかけて、いわゆる大正デモクラシー

第4章 内　閣

と呼ばれる時代に、実際の運用として、衆議院で多数を占めた政党が内閣を組織するという、議院内閣制に近い慣行が行われたことがある。しかし、軍部の台頭、大政翼賛運動による政党の消滅により、このような慣行も崩壊したのである。

　日本国憲法は、合議体としての内閣を憲法上の制度として認め、行政権の行使について、国会に対し連帯して責任を負う（憲66条3項）という議院内閣制を採用したのである。さらに日本国憲法は、衆議院による内閣不信任決議案の提出権（憲69条）をはじめ、国会の内閣総理大臣指名権（憲67条）、国務大臣の過半数が国会議員でなければならないこと（憲68条1項）など、議院内閣制に関わる規定を置いている。

第2節　内閣の組織

1　合議体としての内閣

　明治憲法自体には内閣についての規定は存在せず、内閣官制という勅令によって定められていた。日本国憲法は、「内閣は、法律の定めるところにより、その首長たる内閣総理大臣及びその他の国務大臣でこれを組織する」（憲66条1項）としている。法律としては、内閣法が重要であるが、その2条1項は、「内閣は、国会の指名に基づいて任命された首長たる内閣総理大臣及び内閣総理大臣により任命された国務大臣をもってこれを組織する」としている。国務大臣は、「主任の大臣」として行政事務を分担管理するが、行政事務を分担管理しない大臣、いわゆる無任所大臣を置くことを妨げるものではない（内3条1項・2項）。なお、内閣総理大臣その他の国務大臣は、文民でなければならないことになっている（憲66条2項）。この「文民」ということの意味については、

第 2 節　内閣の組織

(a)軍人でない者、(b)過去において職業軍人としての経歴をもたない者、(c)軍国主義思想に深く染まっていない者、(d)自衛隊における武官でない者などの説が存在している。

　内閣というのは合議体であり、その意思決定は閣議によって行われる（内 4 条 1 項）。閣議の運営方法について、内閣法は、「閣議は、内閣総理大臣がこれを主宰する」（内 4 条 2 項）と定める他に別段の規定を置かず、運営の大半は慣行に委ねられている。たとえば、閣議での議決方法は全員一致によることとされ、慣習法化している。

2　内閣総理大臣の地位と権能

　明治憲法では、内閣総理大臣は憲法上の存在ではなかった。ただ、明治 22 年の内閣官制により、「各大臣ノ首班」として、内閣の統一を図り内閣を代表する地位が認められていたが、「同輩中の首席」の域を出るものではなかった。それに対して、日本国憲法では、内閣総理大臣に「内閣の首長」たる地位を認めている（憲 66 条 1 項）。また、内閣総理大臣は内閣府の長として行政事務を分担管理し（内閣府設置法 6 条）、各省大臣を兼ねることもできる（行組 5 条 2 項）。内閣総理大臣は、国会議員の中から国会の議決で指名され（憲 67 条 1 項）、天皇によって任命される（憲 6 条 1 項）。内閣総理大臣に事故のあるとき、または内閣総理大臣が欠けたときは、その予め指定する国務大臣（いわゆる副総理）が、臨時に内閣総理大臣の職務を行う（内 9 条）。なお、内閣総理大臣が死亡・失格などで欠けたときは、内閣は総辞職しなければならないことになっている（憲 70 条）。

　内閣総理大臣の権能には以下のものがある。

　　a）国務大臣の任免権（憲 68 条）　　内閣の統一性を確保するための有力な手段であり、内閣総理大臣の首長としての性格を明確に示すものである。この任免権の行使は、内閣総理大臣の専権に属するものである

第4章　内　　閣

から、閣議にかける必要がないことはもちろんである。

　b）国務大臣の訴追の同意権（憲75条）　これは、検察機関による介入によって、内閣による行政権行使が阻害されることがないように設けられているものである。ただし、法務大臣は指揮権の発動、すなわち個々の事件の取調または処分について検事総長を指揮できるので（検14条）、この規定の実際の意味はあまりないといわれている。「訴追」とは、通常の用語法では、刑事手続における公訴の提起、すなわち起訴を意味するが、この規定が置かれた趣旨からいって、起訴前の手続である、身体の拘束を伴う逮捕や勾留も含まれると解すべきであろう。しかし、かつて内閣総理大臣の同意なしに逮捕された例がある（東京高判昭34・12・26判時213・46参照）。

　c）内閣の代表権（憲72条）　内閣総理大臣は、内閣を代表して議案を国会に提出し、一般国務及び外交関係について国会に報告し、並びに行政各部を指揮監督する。行政各部の指揮監督について、内閣法6条は、「閣議にかけて決定した方針に基づいて」行うことになっている。学説のなかには、緊急の場合に、閣議の方針に反しない限り、内閣総理大臣は閣議を経ずに行政各部を指揮監督できるという見解も存在する。最高裁は、ロッキード事件丸紅ルート事件判決において、「内閣総理大臣は、内閣の明示の意思に反しない限り、行政各部に対し、随時、その所掌事務について一定の方向で処理するよう指導、助言等の指示を与える権限を有する」と述べている（最大判平7・2・22刑集49・2・1）。この点の理解は、首相に大統領と類似の権限を認めることが可能なのかという、日本国憲法が制定された当時からの困難な問題と関わる。

　d）法律・政令への連署（憲74条）　法律および政令には、すべて主任の国務大臣が署名し、内閣総理大臣が連署することを必要としている。

　e）内閣法およびその他の法律が定める権能　内閣法には、閣議に

かけて主任の大臣の間における権限の疑義を裁定する権能（内7条）、内閣の処置を待つために行政各部の処分または命令を中止させる権能が定められている（内8条）。その他、緊急事態の布告および警察の統制（警71条・72条）、自衛隊の防衛出動（原則として事前に国会の承認を得て）および治安出動の下命（自衛76条1項・78条）などがある。

3　国務大臣の地位と権能

国務大臣は、内閣の構成員であると同時に、主任の大臣、あるいは委員会や庁の長として、それぞれの所掌事務を分担管理する。無任所大臣も認められている（内3条2項）。国務大臣一般に認められる権限として、憲法上、議案について発言するため議院に出席すること（憲63条前段）、内閣法上、案件の如何を問わず、内閣総理大臣に提出して、閣議を求めること（内4条）がある。国務大臣は、原則として行政事務を分担管理する「主任の大臣」となるが（内3条）、そのような地位における権限として、憲法には法律および政令に署名することが規定されているが（憲74条）、その他は個別の法律に規定されており、とくに国家行政組織法にはいくつかの一般的権限が明記されている（行組10条・11条・12条1項・14条1項・15条1項参照）。

第3節　内閣の権能

内閣は行政権の主体として（憲65条）、行政事務を行うが（ただし、その多くは実際には、各省庁等などの行政各部が担当する）、そのうちの主なものは、以下のように憲法73条各号に列挙されている。

　a）法律の執行と国務の総理（憲73条1号）　近代行政は、法律に基づき、法律に適合して行われなければならない。これを「法律による

第4章 内　閣

行政の原理」あるいは「法治主義」という。法律の執行は行政の第1の任務である。また国務の総理とは、先に述べたように、内閣が、最高の行政機関として行政事務を統轄し、行政各部を指揮監督することを言い表わしている。

　b）外交関係の処理（憲73条2号）

　c）条約の締結（憲73条3号）　　条約の締結権は内閣にあるが、その重要性および国民の権利義務に無関係ではないことから、「事前に、時宜によっては事後に、国会の承認を経ることを必要とする」（憲73条3号但書）。

　d）官吏に関する事務の掌理（憲73条4号）　　ここに「官吏」というのは、行政活動に従事する国家公務員のことである（それに対して、地方公務員のことを憲法では「吏員」と言っている。憲93条2項参照）。「法律の定める基準」に従ってこの権能を行使すると憲法73条4号は述べているが、そのような法律の中心をなしているのが国家公務員法である。そして官吏に関する事務を掌理するための機関として、人事院が設置されている（国家公務員法第2章参照）。

　e）予算の作成と提出（憲73条5号）

　f）政令の制定（憲73条6号）　　行政機関が制定する法規のことを「命令」というが、政令はその中で最高位のものである。政令は法律同様に公布される（憲7条1号）。憲法は、国会を唯一の立法機関としていることから（憲41条）、政令には法律を実施するための細則を定める執行命令と、法律の個別的委任に基づく委任命令のみが認められる。

　g）恩赦の決定（憲73条7号）　　訴訟手続によらないで、刑罰権の全部や一部を免除することを総称して恩赦というが、それには「大赦、特赦、減刑、刑の執行の免除及び復権」の区別がある。これら恩赦の内容と手続については、恩赦法に定めがある。

　憲法73条に列挙されているもの以外に、憲法上内閣の権能とされて

第 3 節　内閣の権能

いるものには、天皇の国事行為に対する助言と承認（憲 3 条）、最高裁判所長官の指名（憲 6 条）、国会の臨時会の召集の決定（憲 53 条）、参議院の緊急集会の召集（憲 54 条）、最高裁判所裁判官および下級裁判所裁判官の任命（憲 79 条・80 条）、予備費の支出（憲 87 条）、国会への決算の提出（憲 90 条）、国会および国民に対する国の財政状況についての報告（憲 91 条）などがある。

第5章　裁判所

第1節　司法権の観念

　裁判所は国家権力のうちの司法権を担当することをその任務としている（憲76条1項参照）。そこで、司法とは何かということが問題となる。司法とは、具体的な争訟について、法を適用し、宣言することによって、これを裁定する国家の作用のことである。このように、「具体的争訟」が存在し、これを解決することが司法にとっての本来的任務とされている。このような理解は、判例においても一貫している。警察予備隊違憲訴訟判決において、最高裁判所は、司法権が発動されるためには、具体的な争訟事件が提起されていることを必要とすると述べている（最大判昭和27・10・8民集6・9・783）。

　このような具体的争訟性、ないしは事件性の要件は、アメリカ合衆国では憲法に明記され、合衆国憲法3条2節において、司法権が及ぶのはcases or controversiesであるとされている。これに対して、わが国では裁判所法3条が「法律上の争訟」を裁判権が発動されるための要件としている。さらに、裁判所法3条は「その他法律において特に定める権限を有する」として、たとえば行政事件訴訟法では、住民訴訟（自治242の2）などの民衆訴訟（行訴5条）や、機関訴訟（行訴6条）を認めているのである。このように、具体的争訟性ないしは事件性を司法権の本質的要素としながらも、立法政策上の見地から、民衆訴訟や機関訴訟（客観訴訟といわれる）などを認めているのである。

第 5 章　裁判所

第 2 節　司法権の範囲

　明治憲法は、行政事件について、特別な行政裁判所を設け管轄することとしていた（明憲 61 条）。これは、ヨーロッパ大陸諸国（フランス、ドイツなど）においてみられる型で、通常の司法裁判所が扱うのは民事事件および刑事事件のみで、司法権の範囲もそれらに限られることになる。このような制度を採用している国家を、行政法学では行政国家という。それに対して、日本国憲法は、「特別裁判所は、これを設置することができない」（憲 76 条 2 項）と規定し、民事・刑事はもとより、行政事件も通常の司法裁判所が管轄している。これは英米型の制度であり、このような制度を採用している国家を、司法国家という。なお、行政事件については、その特殊性（公共の利益に関わること）を考慮して、民事訴訟法の特別法として行政事件訴訟法が制定され、いくつかの点で民事事件とは異なる扱いがなされている（行訴 27 条・44 条等参照）。

第 3 節　司法権の限界

　通常、司法権の限界として、①国際法――確立された国際法規や、条約などの国家間の合意――上の限界（たとえば外交官の治外法権）と、②憲法上の限界に分けて論述される。さらに、②は、憲法の明文上の限界――議員の資格争訟の裁判（憲 55 条）や裁判官の弾劾裁判（憲 64 条）と、それ以外の限界に分けられる。①は、主に国際法で議論されることであり、また②の憲法の明文上の限界は、それぞれテキストの該当個所で述べているので、ここでは、憲法の明文以外の限界にふれるにとどめ

る。

1　行政裁量と立法裁量

　行政庁の裁量処分については、当・不当の問題（公益の観点から、妥当か否かの問題）は生じても、違法性の問題は生じないとされている。ただし、裁量処分について、その裁量権の範囲をこえまたはその濫用があった場合には違法となり、処分は取り消される（行訴30条）。行政裁量の問題、すなわちその行政処分が裁量処分か否か、その際の権限行使に踰越濫用があったか否か、は困難な問題であり、行政法の分野で詳しく論じられる。

　裁量は立法についても問題になる。衆議院の議員定数不均衡訴訟において、最高裁は議員定数の配分について、国会に合理的裁量を認めながらも、その限界を超え、このような不平等を正当化する特段の理由も示されていないとして、違憲としたのであった（最大判昭51・4・14民集30・3・223）。最高裁は、堀木訴訟において、憲法25条の「健康で文化的な最低限度の生活」の具体化は、広い立法府の裁量にゆだねられており、他の公的年金との併給を禁止していた、改正前の児童扶養手当法は憲法に違反しないとしたのであった（最大判昭57・7・7民集36・7・1235）。また、非嫡出子の法定相続分を嫡出子の2分の1にしたのは（民900条参照）、法律婚主義という現行民法の立法理由との関連において、著しく不合理であり、立法府に与えられた合理的な裁量判断の限界を超えたものとはいえないとした（最大決平7・7・5民集49・7・1789）。立法裁量か否かは、そこで問題となっている権利がどのような権利か（たとえば、表現の自由か経済的自由か）により、またその程度も個別具体的状況によって異なる。憲法問題において、立法裁量を否定することはできないが、わが国の裁判所、とりわけ最高裁判所はこれを広く認める傾向にあり、このことは、国民の人権保障を妨げる結果となっていることに注意しなければ

第 5 章　裁 判 所

ならない。

2　団体の内部事項

　国会議員の懲罰や、議院の議事手続には、司法審査がおよばないと考えられている（最大決昭 37・3・7 民集 16・3・445）。このことを議院自律と呼んでいる。また、宗教団体や政党内部の争いに、司法権が介入することも否定される場合がある。宗教団体内部の問題について、とりわけ、宗教上の教義に関して裁判所が判断を下すならば、特定の教義を公定することになり、信教の自由や政教分離の観点から問題となる。政党については、政党活動の自由ないしは自律を尊重して、司法権による介入を回避したほうが良い場合もある。裁判所において、法律上の問題として解決するのに相応しいものか否かという点からの判断も、司法権の介入を考えるについては重要である。正本堂建立の費用にあてるためにした寄附金につき、その本尊とされている板まんだらは偽物であるとして、その返還が請求された事件で、最高裁は、法令の適用による終局的な解決が不可能なものであって、裁判所法 3 条にいう法律上の争訟にあたらないとした（裁判昭 56・4・7 民集 35・3・443）。また、最高裁は、参議院の比例代表選挙における名簿届出政党による名簿登載者の政党からの除名について、除名届が適法になされている限り、当該除名は当選訴訟における当選無効の原因となるものではないとの判決を下している（最判平 7・5・25 民集 49・5・1279）。

3　統 治 行 為

　国家行為のうち、高度に政治性を有する行為を統治行為あるいは政治問題と呼び、本来ならば法律上の争訟として司法権が及ぶにもかかわらず、それを排除する見解がある。これを支持する根拠としては、政治責任のない司法権には内在的制約があるとするもの（内在的制約説）、違法

第3節 司法権の限界

を見逃してもより大きな害悪の発生を防止するために、裁判所は司法審査権の行使を自制すべきだとするものがある（自制説）。有力な学説は、権利保障および司法救済の必要性と裁判の結果生ずる事態、司法の政治化の危険性、司法手続の能力の限界、判決実現の可能性などの諸点を考慮に入れ、統治行為の範囲は局限されるべきであるとの観点から、事件に応じて具体的な理由を明らかにした上で司法審査を排除すべきであると主張している（機能説）。学説のなかには、統治行為論そのものを否定する見解も存在する。

　最高裁は、衆議院の解散の効力が争われた苫米地訴訟事件判決において、統治行為を内在的制約説的立場から認めている（最大判昭35・6・8民集14・7・1206）。また、砂川事件判決において、日米安全保障条約は高度の政治性を有するものであり、その内容が違憲か否かの判断は、純司法的機能を使命とする司法裁判所には原則としてなじまず、一見極めて明白に違憲無効であると認められない限りは、裁判所の司法審査権の範囲外であるとした（最大判昭34・12・16刑集13・13・3225）。この判決においては、一見極めて明白に違憲無効かどうかの法的判断を裁判所は加えるのであるから、統治行為論そのものではなく、国会に裁量権を認めた自由裁量論、ないしは政治裁量論であるとの見方も可能である。とはいえ、高度に政治的行為に対する司法審査を回避しようとする発想において、統治行為論と共通している。

　その後、自衛隊が憲法9条に違反するとの申し立てについて判断を下した下級審判決のなかに、砂川事件判決における「一見極めて明白に違憲」かどうかの審査方式を採用しているものがみられる。長沼訴訟札幌高裁判決は、憲法が侵略のための陸海空軍その他の戦力の保持を禁止していることは一見明白であるのに対して、自衛のための戦力の保持に関する憲法9条2項前段は、一義的に明確な規定と解することはできず、自衛隊の組織、編成、装備が一見極めて明白に侵略的なものであるとは

55

第 5 章　裁 判 所

いえないから、これを裁判所は判断すべきではないとした（札幌高判昭 51・8・5 行集 27・8・1175）。この判決では、司法判断の前提となる対象のみならず、適用される憲法その他の法令の解釈行為も統治行為の対象となる、と述べているのが注目される。百里基地訴訟水戸地裁判決では、憲法 9 条は自衛のための戦力までをも禁止するものではないとした上で、自衛隊が自衛のために必要な限度を超える戦力であることは、一見極めて明白ではないから、自衛隊が違憲であるかどうかの判断は司法審査の対象とはなり得ないとしている（水戸地判昭 52・5・17 判時 842・20）。

第 4 節　裁判所の組織

　裁判所には最高裁判所と下級裁判所があり（憲 76 条 1 項）、下級裁判所として、高等裁判所、地方裁判所、家庭裁判所、および簡易裁判所が設置されている（裁 2 条）。それぞれの裁判所は審級関係を形成し、わが国では原則として三審制を採用しているが、それぞれ担当の裁判所は独立して審理、裁判をする。ただし、上級審の裁判における判断は、その事件について下級審の裁判所を拘束する（裁 4 条参照）。これは、事件を下級審に差戻した場合に、下級審が上級審の判断に従わないと収拾がつかなくなるからである。

1　最高裁判所

　最高裁判所は、最高裁判所長官とその他 14 名の最高裁判所判事の計 15 人から構成されている（憲 79 条 1 項、裁 5 条）。最高裁判所長官は内閣の指名に基づいて天皇が任命し（憲 6 条 2 項、裁 39 条 1 項）、最高裁判所判事は内閣が任命し天皇がこれを認証する（憲 79 条 1 項、裁 39 条 2 項・3 項）。天皇の任命や認証は形式的なものにすぎないから、最高裁裁判官

第4節　裁判所の組織

の人事権は内閣が掌握していることになる。

最高裁判所は、全員の裁判官よりなる大法廷、または5人の裁判官よりなる小法廷で審理および裁判をする（裁9条）。ただし、(1)当事者の主張に基いて、法律、命令、規則又は処分が憲法に適合するかしないかを判断するとき（意見が前に大法廷でした、その法律、命令、規則又は処分が憲法に適合するとの裁判と同じであるときを除く）、(2)当事者の主張がなくても、法律、命令、規則又は処分が憲法に適合しないと認めるとき、(3)憲法その他の法令の解釈適用について、意見が前に最高裁判所のした裁判に反するときには小法廷では裁判をすることができない（裁10条）。最高裁判所の判決には、下級裁判所の判決と異なり、各裁判官の意見が表示されることになっている（裁11条）。判決を決定した「多数意見」の他に、多数意見と結論においては同じであるがさらに理由を補足する「補足意見」、多数意見と結論は同じであるが理由が異なる「意見」、多数意見と結論が異なる「反対意見」がある。

最高裁判所の裁判官には国民審査の制度があり、10年毎に衆議院議員総選挙の際国民の審査に付される（憲79条2項）。投票者の多数が裁判官の罷免を可とするときは、その裁判官は罷免される（同条3項）。審査に関する事項は、最高裁判所裁判官国民審査法が定めている（同条4項）。国民審査によって罷免された裁判官は未だ1人もいない。実施方法として、罷免を可とする裁判官の記載欄に×の記号を付けることにしているが、これによると何も付けなければ罷免を可としないとみなされることになる。最高裁は、これを解職投票制度として捉える立場から合憲としている（最大判昭27・2・20民集6・2・122）。国民審査制には実効性がないとして批判する論者も存在するが、司法権の独立と公正を保障しつつ、民主的コントロールを可能にする制度である。

第 5 章　裁 判 所

2　高等裁判所

高等裁判所長官および相応な員数の判事によって構成される（裁 15 条）。判決に対する控訴、決定および命令に対する抗告を主に管轄する（裁 16 条）。3 人の合議体で審理および裁判するのを原則とする（裁 18 条）。

3　地方裁判所

相応な員数の判事および判事補から構成される（裁 23 条）。通常の裁判における第 1 審裁判所であるが、簡易裁判所からの控訴、抗告も管轄する（裁 24 条）。原則として 1 人の裁判官で事件を取り扱うが、3 人の合議体で扱う場合もある（裁 26 条）。

4　家庭裁判所

相応な員数の判事および判事補から構成される（裁 31 の 2）。主として、家事審判法で定める家庭に関する事件の審判および調停、少年法で定める少年事件の審判および訴訟を管轄する（裁 31 条の 3）。1 人の裁判官で事件を取り扱うのを原則とする（裁 31 条の 4）。

5　簡易裁判所

相応な員数の簡易裁判所判事から構成される（裁 32 条）。軽微な事件の第 1 審裁判所である（裁 33 条）。1 人の裁判官で事件を取り扱う（裁 35 条）。

第5節　司法権の独立

1　司法権独立の意義

　司法権の独立は、まず第1に、司法部全体が他の国家機関から独立していなければならないことを意味し（司法部の独立）、さらに、個々の裁判官が独立していなければならないことを意味する（裁判官の独立）。司法権の独立は、近代立憲主義国家には普遍的にみられるものである。三権分立を前提としながらも、特に司法について独立性が強調されるのは、その作用に特殊性があるからである。すなわち、国民の人権保障、ことに少数者の権利自由の保障を、多数決原理になじむ他の政治権力からの干渉を排除して実現するためには、独立した組織をもち、さらに個々の裁判官も独立していなければならないのである。

2　裁判官の独立

　司法権の独立の核心をなすのが裁判官の独立である。日本国憲法は、「すべての裁判官は、その良心に従ひ独立してその職権を行ひ、この憲法及び法律にのみ拘束される」と述べている（76条3項）。問題となるのは、ここでいう「良心」の意味であるが、個人的・主観的良心ではなく、裁判官の立場としての客観的な良心であると解されている。

　裁判官の独立が保障されるためには、個々の裁判官は、上命下服関係とは無縁に、独立の地位を保有し、独立に職権を行使できなくてはならない。そのためには、司法部内においても、裁判官は職権行使に干渉を受けるようであってはならない。この点、わが国においては、司法部内における裁判官の独立について、しばしば問題を生じてきたのである。明治憲法施行後まもなく発生した、大津事件（1891年）にしても、司法

第 5 章　裁判所

の対外的独立は守られたものの、当時の児島大審院長が担当判事達に個人的影響力を強く及ぼした点を批判する論者も存在する。比較的近時の事例では、札幌地方裁判所の長官（当時）が長沼ナイキ基地訴訟担当の裁判長に書簡を送り、農林大臣の判断を尊重するように助言したことが問題にされたことがある。

3　裁判官の身分保障

司法権の独立を確保するために、裁判官に様々な身分保障がなされている。日本国憲法は、「裁判官は、裁判により、心身の故障のために職務を執ることができないと決定された場合を除いては、公の弾劾によらなければ罷免されない。裁判官の懲戒処分は、行政機関がこれを行ふことはできない」としている（78条）。心身の故障のため職務を執ることができないことを決定する裁判については、裁判官分限法に定めがある。裁判官分限法では、「回復困難な」ということが付加されている（1条）。公の弾劾については、裁判官弾劾法に詳細な規定がある。

下級裁判所の裁判官は、任期を10年とし、「再任されることができる」（憲80条1項）。ここで問題となるのは、「再任されることができる」との意味である。再任するかしないかについて、最高裁判所に自由裁量を認める趣旨であるとの説も存在するが、裁判官の身分保障の観点から、再任するのを原則としていると理解する学説も存在する。

第6節　裁判の公開

裁判の公開は、近代裁判制度における基本原則の一つである。これによって、裁判を国民の監視のもとに置き、裁判の公正を担保し、裁判に対する国民の信頼を確保しようとしている。日本国憲法は「裁判の対審

及び判決は、公開法廷でこれを行ふ」と規定している（82条1項）。また憲法37条1項は、刑事被告人の権利の側面から、公開裁判を要求している。憲法82条にいう「裁判の対審」とは、裁判官の面前で行われる事件の審理のことであり、「判決」とは、事件についての裁判官による判定である。公開が停止される場合につき、憲法は、「裁判所が、裁判官の全員一致で、公の秩序又は善良の風俗を害する虞があると決した場合には、対審は、公開しないでこれを行ふことができる。但し、政治犯罪、出版に関する犯罪又はこの憲法第3章で保障する国民の権利が問題となっている事件の対審は、常にこれを公開しなければならない」としている（82条2項）。

　裁判の公開にとって重要なのは、傍聴の自由である。これには傍聴席の数に限界があること、裁判を運営する上での制限はあるものの（裁71条、裁判所傍聴規則）、認められている。報道の自由については、刑事訴訟規則に「公判廷における写真の撮影、録音又は放送は、裁判所の許可を得なければ、これをすることができない。但し、特別の定のある場合は、この限りでない」（215条）とあり、裁判官の裁量に任されている。実際の運用としては、開廷前に写真撮影が許可されるのみで、開廷後は全面禁止されている。訴訟当事者の人権にもかかわる微妙な問題であるが、現在の運用はあまりに厳しすぎるといえる（最大決昭33・2・17刑集12・2・253は、上記刑事訴訟規則およびその運用を合憲とする）。なお、法廷内におけるメモについて、最高裁は、憲法82条はメモの権利まで保障してはいないが、特段の事情のない法廷内でのメモの禁止は、憲法21条の趣旨に適合しないとしていることが注目される（最大判平1・3・8判時1299・41）。

第 5 章　裁判所

第 7 節　違憲審査制

1　違憲審査の性格

　憲法 81 条は、「最高裁判所は、一切の法律、命令、規則又は処分が憲法に適合するかしないかを決定する権限を有する終審裁判所である」と規定している。これは、最高裁判所に、司法裁判所（民事、刑事さらには行政事件を審判する裁判所）としての性格の他に、憲法裁判所としての性格を認めたものであり、具体的な訴訟事件を離れて審査する、抽象的違憲審査を認めたものであると理解する学説も存在する。それに対して、通説および判例は（最大判昭 27・10・8 民集 6・9・783）、具体的な訴訟事件を解決するなかで、裁判所が国家行為の合憲性を判断する、付随的違憲審査制であるとしている。学説がその根拠としてあげるのは、わが国の司法権さらには違憲審査制はアメリカの制度を継受していると考えられ、それは付随的違憲審査制であること、抽象的違憲審査を認めるに際しては手続規定が憲法に明記される必要があるが、わが国の憲法にはそのような規定は存在せず、またそれを予想した規定もないことである。

　憲法 81 条は、違憲審査権の行使主体として最高裁判所のみを明示しているが、これは最高裁判所が違憲審査権を有する終審裁判所であることを明らかにした規定であって、下級裁判所が違憲審査権を行使することを否定する趣旨ではない（最大判昭 25・2・1 刑集 4・2・73）。

　付随的違憲審査制のもとでは、原則として、自己の憲法上の権利の侵害について、その救済を求めるものであり、第三者の憲法上の権利を主張することは認められない。しかし、この原則が緩和されることがある。その例としてよく取り上げられるのが、第三者所有物没収についての事

件である。この事件について、最高裁は、かつて、「訴訟において、他人の権利に容喙干渉し、これが救済を求めるが如きは、本来許されない筋合のもの」としていた（最大判昭35・10・19刑集14・12・1574）。しかし、それから2年後には態度を改め、「かかる没収の言渡を受けた被告人は、たとえ第三者の所有物に関する場合であっても、被告人に対する附加刑である以上、没収の裁判の違憲を理由として上告をなしうることは、当然である。のみならず、被告人としても没収に係る物の占有権を剥奪され、またはこれが使用、収益をなしえない状態におかれ、更には所有権を剥奪された第三者から賠償請求権等を行使される危険に曝される等、利害関係を有することが明らかであるから、上告によりこれが救済を求めることができるものと解すべきである」とした（最大判昭37・11・28刑集16・11・1593）。この点について、わが国においては、未だ確固たる判例法理は形成されていない。学説のなかには、アメリカの判例を参考にしながら、第三者の憲法上の権利を主張することを認める基準として、次の3つをあげるものがある。すなわち、第三者が訴訟において自らその権利を主張しえず、またはその主張がきわめて困難であること、訴訟当事者と第三者との利害関係が当該訴訟の結果との関係で密接であること、患者と医師との関係のように訴訟当事者と第三者との間に特殊な関係がみられることである。

2　違憲審査の対象

　憲法81条によると、「一切の法律、命令、規則又は処分」が違憲審査の対象になる。憲法より下位のすべての法規範が、その対象になるということである。従って、ここに明記されていない条例も違憲審査の対象になる。裁判所による判決を憲法81条でいうところの「処分」にあたるとした判例がある（最大判昭23・7・8刑集2・8・801）。以下において、条約および立法不作為の違憲審査について述べることにする。

第 5 章　裁 判 所

　条約優位説（条約が憲法より法規範の段階構造において上位にあるとの説）にたつならば、条約の違憲審査はそもそも問題にならない。憲法優位説にたった場合に、肯定説と否定説がありうる。否定説は、憲法 81 条に条約が列挙されていないこと、憲法 98 条 2 項では条約を誠実に遵守することとしていること、さらに条約は国家間の合意であるという特質をもち、しかもきわめて政治的な内容を含むものが多いことをその根拠とする。これに対して肯定説は、憲法 81 条の文言としては、「法律」に含ませるものと「規則又は処分」に入れるものとがあるが、実質的理由としては、条約による人権侵害を放置してはならないことや、違憲な条約を遵守することの不合理さをあげる。この点についての判例として、砂川事件判決（最大判昭 34・12・16 刑集 13・13・3225）があるが、そこでは条約の違憲審査が可能であるとの前提にたっている。

　国会がいつ法律を制定するかの判断は、原則として、国会の裁量にまかされている。そこで、立法の不作為、すなわち国会に対して一定の作為義務が憲法上存在しているにもかかわらず、国会が作為せず、あるいは十分にしていない場合に、これを違憲審査の対象にすることができるのかが問題となる。学説は、これまで一般に、憲法 81 条が問題にしているのは、積極的になされた国家行為であり、不作為は含まれないと理解してきた。それに対して、学説のなかには、不作為は憲法 81 条の「処分」に含まれると解し、特に生存権について、生存権が具体的権利であることを前提に、生存権が十分に保障されていない場合には、立法不作為の違憲確認訴訟が認められるべきことを提唱するものがある。

　近時、国家賠償請求事件において、立法不作為の違憲審査が認められた、注目すべき下級審判決がいくつか存在する。とりわけ注目に値するのは、在宅投票制度の廃止を扱った事件である。この事件において、札幌高裁は、在宅投票制度を復活しないという立法不作為を問題にして、国会が憲法によって義務付けられた立法を単にしないというだけでは裁

判所の違憲審査は許されないが、同制度の復活を求める請願がなされ、その後合理的と認められる相当の期間内に当該立法をしないときには、立法府の特定の消極的立法判断がなされたものとして、既に制定された法律の憲法適合性を判断することと同様になしうるとし、本件立法不作為について合理的理由は存在しないから違憲・違法であるとした（札幌高判昭53・5・24高裁民集31・2・131。ただし、国会議員に故意・過失はなかったとして請求は棄却）。しかし、同事件の最高裁判決は、立法に関して国家賠償法1条1項の違法の評価をうけることは、容易に想定し難いような例外的な場合でない限りありえないとした（最判昭60・11・21判時1177・3）。立法不作為はもとより、立法行為について、国家賠償請求訴訟そのものの成立する余地は、ほとんど存在しないとされたといってよい。

3 憲法判断の方法

(1) 憲法判断回避

訴訟における争点の1つとして憲法問題が提起されているとき、事件を解決するに際して、憲法判断が先行しなければならないのか、法令の解釈で解決がつく時には憲法判断はむしろ回避すべきなのか、それともいずれの道をとるかは裁判官の自由な裁量とみるべきなのであろうか。この問題は、恵庭事件札幌地裁判決（札幌地判昭42・3・29刑集9・3・359）を契機として議論されるようになった。判決は、当該事件の結論に絶対必要な場合にだけ憲法判断をすべきであり、自衛隊法121条（防衛用器物損壊罪）の構成要件に該当しないとの結論に達した以上、もはや、弁護人ら指摘の憲法問題に関し、なんらの判断をおこなう必要がないのみならず、これをおこなうべきでもないとした。その後、この憲法判断回避の原則に従う判決も現われ（たとえば、東京高判昭56・7・7判時1004・3、東京高判昭50・12・19判時800・19）、これを支持する学説も存在する。それに対して、憲法判断回避を否定し、ある法律が合憲であることがその法

第 5 章 裁 判 所

律を具体的事件に適用するについての論理的前提でなければならず、裁判所の憲法判断は裁判所の権限であるとともに責務であるとの学説も存在する。有力な学説は、法律解釈ですませることによって、憲法判断を回避するかどうかは、裁判所の広汎な政策的考慮に基づく高度な裁量的な行為であるとしている。

(2) 合憲的限定解釈

これは、法令の解釈として複数存在する場合に、憲法の規定や精神に適合するような解釈を採用することによって、違憲判断を回避する方法である。この方法が用いられた有名な判決として、地方公務員の争議行為の「あおり」行為を処罰することが憲法 28 条に違反しないかが争われた、都教組事件判決がある（最大判昭 44・4・2 刑集 23・5・305）。この判決においては、法律の規定は、可能な限り、憲法の精神に即し、これと調和しうるよう、合理的に解釈されるべきことから、地方公務員法で処罰するには、争議行為およびそのあおり行為の両者について強度の違法性を必要とするとして、争議行為あおり罪からの刑事免責を図った。しかし、その後、全農林警職法事件判決は、合憲的限定解釈は、「犯罪構成要件の保障的機能を失わせることとなり、憲法 31 条に違反する疑いすらある」として、判例を変更し、争議行為のあおり罪一律処罰を合憲とした（最大判昭 48・4・25 刑集 27・4・547）。合憲的限定解釈の方法は、法令違憲の判決が与える衝撃を回避しつつ、人権保障をはかる有用な方法であると考えられている。しかし、法令の「書き直し」をする面もあることから、限界もあるとはいえ、全農林警職法事件判決は、定着しかけたこの分野での限定解釈を変更し、結局刑罰法規の適用範囲を拡大したことに、問題が残る。

(3) 法令違憲と適用違憲

違憲判断には、当該法令の全体、あるいは特定の条項を違憲であるとする法令違憲の他に、当該事件に適用される限りで違憲として、その事

件に法令の適用を拒否する、適用違憲の方法がある。合憲的限定解釈は法令の意味内容を限定するのに対して、適用違憲は適用される範囲を限定していくものである。適用違憲の方法が典型的にとられたものとして、猿払事件第1審判決がある（旭川地判昭43・3・25下刑集10・3・293）。そこでは、国家公務員の政治活動について、非管理職の現業公務員で勤務内容が機械的労務の提供にとどまる者が、勤務時間外に国の施設を利用することなくかつ職務を利用し若しくはその公正を害する意図なしに行った行為で、労働組合活動の一環として行われたと認められる行為に刑事罰を加える限りにおいて、国家公務員法110条1項19号は、憲法21条および31条に違反するとした。適用違憲の方法は、確かに人権保障の役割を果すことができるが、法令を見ただけでは、ある行為が禁止されるか否かを事前に知ることができないという難点をもつ。この点をカバーするためには、判決が明確で説得力のある理由付けによって、適用される範囲とされない範囲を画定することが必要とされる。

4 違憲判決の効力

　法令が違憲とされた場合、違憲の効力は当該事件に限られ、当該事件にのみ適用されることを排除するのか、それとも当該事件においてはもとより、違憲とされた法令そのものを無効とするのであろうか。前者の考え方を個別的効力説、後者を一般的効力説という。わが国の違憲審査制は付随的違憲審査であると理解され運用されているが、このことは違憲判決の効力について当該事件に限るとする考え方になじみやすいこと、裁判所が法令を一般的に無効とするのは消極的立法であり、憲法41条に抵触するおそれがあることから、個別的効力説が妥当である。ただし、個別的効力説においても、法令に対して違憲判断（とりわけ最高裁判所の）が出た場合には、立法権・行政権にはその法令の改廃を、行政権にはその執行を差し控えることが要請される。

第6章 財　　政

第1節　財政民主主義

　統治団体が財源を調達し、管理し、使用する作用を財政という。国の財政を国会の統制の下に置くことを財政民主主義というのである。明治憲法においても、基本的にはこの主義が採用されていたが（62・64条）、既定費（天皇の権限、すなわち大権行使に基づく支出）、法律費、および義務費を排除したり削減するには政府の同意を必要とし（67条）、さらには緊急財政処分（70条）、前年度予算執行（71条）が認められるなど、制限付きのものであった。日本国憲法は「国の財政を処理する権限は、国会の議決に基づいて、これを行使しなければならない」（83条）として、財政民主主義を国の財政処理の基本原則としている。

第2節　租税法律主義

1　租税法律主義の意味

　「代表なければ課税なし」の言葉は、アメリカがイギリスからの独立を求める際の人民の共通認識であったのであり、近代市民革命の出発点であったといえよう。日本国憲法は、「あらたに租税を課し、又は現行の租税を変更するには、法律又は法律の定める条件によることを必要とする」（84条）と規定し、租税法律主義を明記している。また、憲法30

第 6 章　財　政

条は、納税義務との関係から、租税の法定主義を要求している。憲法84条の条文中の「法律の定める条件」という部分は、法律以外の法形式に委任することを認めている趣旨と理解されるが、租税法律主義の趣旨が損なわれないように、委任することができる事項は、技術的、細目的なものに限られることに注意しなければならない。租税について、一年税主義と永久税主義とがあり、明治憲法は永久税主義を採用していた（63条）。日本国憲法は、現行の租税を変更するには法律によると規定するにとどまっているが、これは永久税主義を否定する趣旨ではない。現行の制度は永久税主義によっているが、国会による統制を強化するために、一年税主義を採用することもさしつかえない。

　租税とは、国または地方自治体が、その経費に充てるために、強制的に賦課徴収する金銭のことであるが、財政法3条は、「租税を除く外、国が国権に基づいて収納する課徴金及び法律上又は事実上国の独占に属する事業における専売価格若しくは事業料金については、すべて法律又は国会の議決に基づいて定めなければならない」としている。この規定の理解の仕方として、憲法83条や84条から当然に生ずる結論を表明したものと理解する立場と、憲法の要求以上の財政国会中心主義を法律で定めたものと理解する立場とが対立している。前者の見解によるならば、旧国鉄の鉄道運賃を運輸大臣の認可制に改めたのは（国有鉄道運賃法及び日本国有鉄道法一部改正法）、違憲であったことになる。

　租税法律主義によって、租税の種類、納税義務者、課税物件、課税標準（課税物件に対し具体的に課税の効果を生じさせるために適用される数値）、税率等の実体的要件から、徴税の手続に至るまで、法定することが要求される。租税法律主義には3つの例外が存在する。まず第1は、地方税である。地方自治法によれば、普通地方公共団体は、法律の定めるところにより、地方税を賦課徴収することができる（223条）。これをうけて、地方税法は、「地方団体は、その地方税の税目、課税客体、課税標準、

第2節　租税法律主義

税率その他賦課徴収について定めをするには、当該地方団体の条例によらなければならない」（3条1項）として、条例に一般的に委任している。地方税については、地方の実状に即して賦課徴収されるのが、「地方自治の本旨」の要請するところであり、また、住民から選出される議員から構成される地方議会が制定する条例に委任していることから、問題は生じない。次に、関税法は、条約で関税を課すことができるとしているが（3条但書）、条約には国会の承認が必要であり（憲73条3号）、しかもその効力は法律に優り、問題はない。さらに、食糧管理法は、主要食糧の輸入税の増減等を政令に委ね（12条）、また関税定率法は、一定の物品については政令で関税を定めることができる（5条～20条の2）。これら政令による関税の課税は、関税が有する特殊性、すなわちその緊急性や外交に関わるという複雑性から認めることができる。

2　通達課税と租税特別措置

租税法律主義との関係において、わが国が抱えている問題点を、ここで、2点指摘しておきたい。

まず第1は、いわゆる通達課税の問題である。税務行政の実際において、租税法の解釈の統一、行政の円滑な運営、および課税の公平を図るために、監督行政庁が下級行政庁に発する通達により課税が行われている。パチンコ球遊器が、通達によって新たに課税対象とされた事件において、最高裁は、本件の課税がたまたま通達を機縁として行われたものであっても、通達の内容が法の正しい解釈に合致するものである以上、本件課税処分は法の根拠に基づく処分と解するに妨げがないとした（最判昭33・3・28民集12・4・624）。この判決は、あまりに形式的すぎて、必ずしも説得力があるとは言えないであろう。

次に問題になるのは、租税特別措置である。これは経済・社会政策の観点から、特定の企業や国民に対して、租税の減免措置をするものであ

第6章 財　政

る。多くの租税に関する法律がこのような規定を含んでおり、租税法律主義の要請を満たしているが、租税負担公平の原則（応能負担の原則）の例外をなすものであり、十分な合理性が存在しない場合には、憲法14条の平等原則違反の問題が生ずる。サラリーマン税金訴訟（大島訴訟）において、最高裁は、サラリーマンに認められている給与所得控除制度（給与所得の必要経費の概算控除制度）と、事業所得の必要経費控除制度との区別には合理性が存在し、憲法14条の平等原則に反しないとしている（最大判昭60・3・27民集39・2・247）。

第3節　国費の支出と国の債務負担行為

「国費を支出し、又は国が債務を負担するには、国会の議決に基づくことを必要とする」（憲85条）。これは、財政民主主義を支出の面から規定したものである。「国費の支出」は予算という形で議決される（憲86条）。「国の債務負担」は、たとえ支払保証という形であれ、将来国費の支出を伴う可能性があるので、国会の統制に服させているのである。国が債務を負担するについての、国会の議決について、財政法は、(1)法律に基づくもの、(2)歳出予算の全額若しくは継続費の総額の範囲内におけるもの、(3)それ以外の予算による国の債務負担行為（災害復旧その他緊急の必要がある場合において、毎会計年度、国会の議決を経た金額の範囲内における債務負担行為を含む。財政法15条3項）に区分している（15条1項・2項）。このうち、(3)の場合のみを、財政法では、国庫債務負担行為と呼んでいる（15条3項）。

第 4 節　予算・決算

1　予　算

　予算とは、主として歳入・歳出の予定準則を内容とする、一会計年度（4月1日に始まり、翌年3月31日に終わる）における、国の財政行為の準則である。内閣は、毎会計年度の予算を作成し、国会に提出して、その審議を受け議決を経なければならない（憲86条）。予算の法的性質について、内閣が作成した行政計画の承認であるとする承認説ないしは行政計画説、法律であるとする予算法律説、法律とは異なる国法の一形式であるとの予算法形式説がある。予算法形式説が通説とされているが、その根拠として、それが法律とは異なり、国家機関のみを拘束するものであること、拘束力が1年であること、制定手続が法律と異なることがあげられる。ただし、予算法形式説を支持する場合でも、歳出について、目的、金額、時期において国家機関を拘束するとする点では一致するが、歳入については、予定見積りにすぎないとの学説、財源を指示するとともに、歳入の時期をある程度限定するとする学説など、相違が存在している。

　予算の内容については、財政法16条が規定している。それによれば、予算総則（財22条参照）、歳入歳出予算、継続費、繰越明許費（財14条の3参照）、国庫債務負担行為に区分されている。継続費は、年度独立の原則（予算は一年度内に処理しなければならないという原則）の例外であり、工事、製造その他の事業で、その完成に数年度を要するものについて、特に必要がある場合に認められる。ただし、支出できる年限は5年以内であり、国会が、継続費成立後の会計年度の予算の審議において、当該

第6章 財　政

継続費につき重ねて審議することを妨げるものではない（財14条の2）。

　予算の提出権は内閣のみに与えられている（憲86条・73条5号）。明治憲法は、国会の予算修正権について、制限付きながら減額修正は認めていたが（明憲67条参照）、増額修正は認められないとされていた。これに対して、日本国憲法の下では、減額修正はもちろん、増額修正も認められる（国会57条の3、財19条、国公13条4項）。

　予算は先に衆議院に提出され、その議決に関して衆議院の優越が認められている（憲60条）。財政法では、予算に対する追加・変更のための補正予算（29条）、予算成立までの暫定予算（30条）の制度が用意されている。

2　予備費

　予見し難い予算の不足に充てるため、国会の議決に基いて予備費を設け、内閣の責任でこれを支出することができる（憲87条1項）。このように、憲法は、緊急の必要が生じた場合に対処するために、予備費を設けることを認めている。予備費は歳入歳出予算に計上される（財24条）。予備費についての事前の議決は、一括して計上することについての承認であり、その支出の内容について国会の承認が得られているわけではない。そこで、すべて予備費の支出については、内閣は、事後に国会の承諾を得なければならない（憲87条2項）。国会による事後承諾が得られれば、予備費の支出に対する内閣の責任は解除される。もし承諾が得られない事態が生じたとしても、支出の法的効果そのものに影響を及ぼすものではない。

3　決　算

　決算は、一会計年度における予算の執行実績を示している計算書であり、法規範性はないと理解されている。決算制度は、これによって予算

執行者としての内閣の責任を明らかにし、さらに将来の予算定立の参考にしようとするものである。国の収入支出の決算は、すべて毎年会計検査院がこれを審査し、内閣は、次の年度に、その検査報告とともに、これを国会に提出しなければならない（憲90条1項）。会計検査院の組織および権限は、法律でこれを定めるされ（憲90条2項）、会計検査院法が制定されている。会計検査院は、内閣に対して独立した地位を有する独立機関であり（会検1条）、3人の検査官から構成される合議制の機関である（会検2条）。検査官に対しては手厚い身分の保障がなされている（会検8条）。

　決算は、明治憲法下における慣例にならい、内閣による報告案件（議案ではなく）として、両議院に同時に提出される。各議院が審査し、承認するか否かを決する手続がとられることになる。

第5節　公費の支出制限

　財政民主主義、財政国会中心主義は重要な原則であるが、しかし国会の議決が存在するならば、いかなる支出も許されるわけではない。人権を含む、憲法の規定に違反するような支出は許されないし、特に次のような場合の支出は禁止されている。すなわち、「公金その他の公の財産は、宗教上の組織若しくは団体の使用、便益若しくは維持のため、又は公の支配に属しない慈善、教育若しは博愛の事業に対し、これを支出し、又はその利用に供してなならない」（憲89条）のである。

1　宗教上の組織若しくは団体

　これは、政教分離の原則（憲20条）から禁止されることでもあり、財政の面から特に規定されているのである。この点で、寺社等の重要文化

第6章 財　政

財の管理や修理のための補助金交付（文化財35条参照）、宗教団体が設立する学校法人への補助金交付（この問題は2とも関連する）、宗教法人の収益事業の所得に対する免税措置（法税7条、地税72条の5参照）などが問題になる。これらの問題を検討するについては、国家と宗教との関係が合憲の範囲内に入るか、あるいは違憲となるかについての、目的・効果基準によって審査されることになる。すなわち、援助が宗教上の目的を持つか否か、また宗教を助長する効果をもたらすか否かの諸点から検討されることになる。このような審査基準によって、上記の諸問題を検討すると、それらは合憲であると言ってよい。

2　公の支配に属しない慈善、教育若しくは博愛の事業

ここで言う「公の支配」の意味について、これを厳格に解する見解と、緩く解する見解が対立している。前者の例として、「事業の予算を定め、その執行を監督し、さらにその人事に関与する等、その事業の根本的な方向に重大な影響を及ぼすことのできる権力」を意味するとの学説が存在する（宮沢俊義）。このように厳格に理解する理由として、一方では、公金などを厳重にコントロールする国の責任を、他方では、慈善、教育などの事業の自主性の尊重をあげるのである。この見解によるならば、教育、福祉事業への援助は、現行の所轄庁の監督程度では（私立学校振興助成法12条、社会福祉事業法56条2項）、違憲となる疑いが生じる。しかし、わが国の現実では、私立学校や社会福祉事業に対する国家からの援助なしに、憲法の要請する社会福祉国家が十分には成り立たないのであり、逆に、国の監督を強化しようとすることは、私的組織の自主性を損なうことになる。そこで、「公の支配」ということを、それ程厳格に捉えずに、現行の所轄庁の監督程度で十分であるとする見解が有力となるのである。このように解釈することは、憲法25条や26条の趣旨に合致し、また人事を左右するまでの関与をしなくても、公費の適正な使用

を監督し、国民に対する責任を全うすることができることから、支持することができる。

第 6 節　財政報告義務

　内閣は、国会及び国民に対し、定期に、少なくとも毎年一回、国の財政状況について報告しなければならない（憲 91 条）。国民や国会が財政について、これを監督し、批判することを可能にするためには、まずその現状を知ることが必要となる。この規定は、財政民主主義を徹底させようとの趣旨で設けられているものである。財政法では、この規定を受けて、内閣は、予算が成立したときは、直ちに予算、前前年度の歳入歳出決算並びに公債、借入金及び国有財産の現在高その他財政に関する一般の事項について、印刷物、講演その他適当な方法で国民に報告しなければならないとされている（46 条 1 項）。また、内閣は、少なくとも毎四半期ごとに、予算使用の状況、国庫の状況その他財政の状況について、国会および国民に報告しなければならないとして、憲法の要請を強化している（同 2 項）。

第7章　地方自治

第1節　地方自治の意義

1　地方自治の本旨

　明治憲法には地方自治に関する規定は全く存在せず、もっぱら法律の定めるところであった。日本国憲法は地方自治に関し、1章を設け、そこに4ヵ条の条文を置いている（憲92条・93条・94条・95条）。地方自治に関する大綱を憲法に明記したことは、地方自治の制度を形成し、運用していく上できわめて重要なことである。

　日本国憲法92条は地方自治の基本原則について定め、「地方公共団体の組織及び運営に関する事項は、地方自治の本旨に基いて、法律でこれを定める」としている。そのような法律として地方自治法をはじめ諸法が存在しているが、「地方自治の本旨」に基づいて規定されなければならない。

　そこでまず地方自治の本旨とは何かが問題になる。それは住民自治と団体自治の二つの要素からなるといわれている。住民自治というのは、地方の事はその地方の住民の意思に基づき自主的に処理させるということである。団体自治とは、国から独立した地域団体の設置を認め、地方の仕事はこの地域団体にあたらせるということである。

2　自治権の本質

　地方自治は、このように憲法にその基礎を置くことになったが、自治

第 7 章　地方自治

権の本質をどのように捉えるかについては争いがある。それらは、固有権説、伝来説、および制度的保障説である。まず固有権説は、地域団体はその沿革からみると国家の成立以前から存在してきたのであり、ときには国家権力に対抗して市民の自由を守ってきた。そこで、自治権は、個人がもつ基本的人権同様、前国家的な固有の権利であるという。伝来説は、近代国家において主権は国家にのみ存在し、地方公共団体も国家の統治機構の一環として位置付けられ、その権能も国の統治権から伝来し、国家主権の一部が地方公共団体に移譲されたものであるという。制度的保障説は、伝来説より派生したものといってよいが、伝来説のように地方自治制度の創設・改廃を国の立法政策とすのではなく（日本国憲法下で伝来説を採用するとしても全くの国の自由裁量とすることはできず「地方自治の本旨」に反することは許されないが）、国家制度として保障されている、すなわち地方自治制度の本質的内容を奪うことは許されない、と理解するのである。

第 2 節　憲法上の地方公共団体

　日本国憲法第 8 章において、地方公共団体という用語が使用されているが、地方公共団体とは何を指すかについて何らの規定も設けられていない。ところで、地方自治法では、その 1 条の 2 において、地方公共団体を普通地方公共団体と特別地方公共団体とに分け、普通地方公共団体としては、都道府県および市町村が、特別地方公共団体としては、特別区、地方公共団体の組合、財産区および地方開発事業団が含まれるとされている。そこで、もし地方自治法上の特別地方公共団体もすべて憲法上の地方公共団体であるとすると、その長や議決機関の議員はすべて直接選挙によって選ばれなければならないことになる。従って、憲法上の

地方公共団体とは何を指すのかを明確にしておかなければならないのである。

　1952（昭和27）年の地方自治法の改正により、特別区の長の公選制を廃止し、特別区の議会が都知事の同意を得て選任する方法を採用したことについて、特別区は憲法93条2項の地方公共団体にあたるから、これは憲法違反ではないかが問われた事件がある。最高裁は、憲法上の地方公共団体といいうるためには、「事実上住民が経済的文化的に密接な共同生活を営み、共同体意識をもっているという社会的基盤が存在」するということと、「沿革的にみても、また現実の行政の上においても、相当程度の自主立法権、自主行政権、自主財政権等地方自治の基本的権能を附与された地域団体であることを必要とする」としている（最大判昭38・3・27刑集17・2・121）。そして、特別区はこれらの基準に該当しないとして、憲法93条の地方公共団体ではないとし、区長の公選制を採用するかどうかは立法政策の問題であるとしたのである。最高裁の見解によるならば、地方自治法上の普通地方公共団体、すなわち都道府県および市町村が憲法上の地方公共団体にあたり、特別地方公共団体はそうではないことになる。なお、1974（昭和49）年の地方自治法の改正で、特別区の権能は格段に充実され、また区長の公選制が復活するなど、特別区は市とほとんど変りのないものとなっている。

　なお、普通地方公共団体は、都道府県および市町村の二重構造をとっている。憲法上、このような二重構造をとる必要があるかについては争いがある。

第3節　地方公共団体の権能

　地方公共団体は、その財産を管理し、事務を処理し、および行政を執

第 7 章　地 方 自 治

行する権能を有し、法律の範囲内で条例を制定することができる（憲 94 条）。ここでは、地方公共団体の事務と自主立法権を取り上げて、解説することにする。

1　地方公共団体の事務

1999（平成 11）年の地方自治法の改正は、これまでの国と地方のあり方を、法律上大きく変えるものであった。すなわち、それまで、首長などの地方公共団体の機関を国の下部機関として位置付ける機関委任事務を廃止したのである。改正された地方自治法では、「普通地方公共団体は、地域における事務及びその他の事務で法律又はこれに基づく政令により処理することとされるものを処理する」（自治 2 条 2 項）として、地方公共団体の事務を、自治事務と法定受託事務に 2 分している。このうち、自治事務とは、「地方公共団体が処理する事務のうち、法定受託事務以外の事務をいう」（自治 2 条 8 項）とされている。

この改正によって、これまで中央官庁からの干渉の手段とされていた機関委任事務制度を廃止し、法定受託事務として、法律、およびそれに基づく政令によって、地方公共団体に受託するという方法に変えたのである。また、機関委任事務に対しては、地方議会が関与することを制限され、それに関しては条例を制定することが不可能であったのに対して、法定受託事務は、あくまで当該地方公共団体に属する事務であるので、このような障害は除かれている。

2　自主立法権

(1)　条　　例

憲法 94 条は、地方公共団体は、「法律の範囲内で条例を制定することができる」としている。これを受けて、地方自治法 14 条 1 項には、「普通地方公共団体は、法令に違反しない限りにおいて第 2 条第 2 項の事務

第3節 地方公共団体の権能

に関し、条例を制定することができる」と規定している。条例は、法律による個別的・具体的委任による命令、すなわち委任立法とは異なり、直接憲法によって包括的に授権されたものであり、憲法41条の例外をなすものである。しかし、条例制定権にも限界が存在する。これには、憲法に違反しないこと、地方公共団体の事務であること、および法令に違反しないことの3つがある。このうち、「法令に違反しない」ことの意味が特に問題となる。この点について、「法律の先占理論」が支配していた時代には、ある分野が法律の規制の対象とされている場合には、その分野の規制を内容とする条例を制定することはできないと考えられていた。しかし、その後の判例（最大判昭50・9・10刑集29・8・489）および学説では、法律が、全国一律の基準を設け均一的に規制しようとする趣旨であると理解されるときには、条例でさらに厳しい規制をすることは許されないが、最小限の規制措置を定めているにすぎないと理解されるときには、地方公共団体が地域の特殊事情を考慮して必要があると認める場合に、条例で厳しい規制をすることも許される、と考えられるようになってきている。

　条例をめぐっては、さらに、財産権の規制を内容とする条例が許されるかの問題が存在する。憲法29条2項は、財産権の内容は「法律」でこれを定めるとあることから、財産権の内容を定めるには法律によらなければならないとの学説も存在した。しかし、条例は法律に準ずるものであり、憲法94条は41条の例外をなすこと、公安条例など精神的自由を制限するものも認められている以上、より社会的制約に服する経済的自由について条例で定めることができるのは当然であると考えられるようになってきている。奈良県ため池条例判決は、条例による財産権行使の規制を合憲であるとした（最大判昭38・6・26刑集17・5・521）。

(2) 規　則

　普通地方公共団体の長は、法令に違反しない限りにおいて、その権限

に属する事務に関し、規則を制定することができる（自治15条1項）。委員会も同様である（自治138条の4）。

第4節　地方公共団体の組織

1　基本原理

憲法93条は、議事機関としての議会の議員はもとより、地方公共団体の長をも、住民の直接選挙によって選出されるべきこととしている。これを首長制というが、議会と長とを分立させ、相互の自立性を尊重するとともに、相互の抑制と均衡とを図りながら、地方の政治および行政を運営させようとしているのである。アメリカの大統領制が首長制の代表的な例であるが、わが国の地方自治法は議院内閣制的要素をも取り入れ、議会は長の不信任議決をすることができ、不信任議決が行われた場合に、長は議会を解散することができる仕組みになっている（自治178条）。

2　地方議会

地方議会は、住民の代表機関であり、最高の意思決定機関である。地方議会は、憲法上必ず設置しなければならない機関とされているが、国の場合のように二院制ではなく、一院制が採用されている（ただし、地方自治法94条によって、町村は議会を置かず、選挙権を有する者の総会、すなわち町村総会を設けることができることになっている）。地方議会の権限として最も重要なものは、議決権である（自治96条）。国会の場合と異なり、地方自治法は議会が議決すべき事項を列挙しており、その他条例で定める事項を議決する（自治96条）。その他の権限としては、議長などの選

第 4 節　地方公共団体の組織

挙権および予算修正権（自治 97 条）、執行機関に対する検閲・検査および監査の請求権（自治 98 条）、意見書の提出権（自治 99 条）、調査権（自治 100 条）、請願受理権（自治 124 条）などがある。

3　執 行 機 関

執行機関の中心は長であるが、その他に法律の定めるところにより、委員会または委員が置かれている（自治 138 条の 4）。長は当該普通地方公共団体を統轄し、これを代表する（自治 147 条）。教育委員会など、普通地方公共団体が設けなければならない執行機関としての委員会および委員は、地方自治法 180 条の 5 に列挙されている。委員会は、アメリカの制度にならったものであるが、行政上の決定を慎重かつ公正、中立に行うために設けられているものである。委員としては監査委員の制度が存在している（自治 195 条―202 条参照）。

第8章　最高法規と憲法改正

第1節　最 高 法 規

　憲法は、国法の中で最高の地位にあり、法律以下の規範およびそれらに基づく処分は、憲法に反することはできない。日本国憲法98条1項は、このことを明示し、次のように述べている。「この憲法は、国の最高法規であって、その条規に反する法律、命令、詔勅及び国務に関するその他の行為の全部又は一部は、その効力を有しない」と。

　この憲法98条の規定は、明治憲法下の法令の効力についての経過規定としての意味をも有している。すなわち、それらも日本国憲法の条規に反するものは効力を失うが、そうでないものは引き続き効力を持つということである（最大判昭23・6・23刑集2・7・722）。ただし、日本国憲法下では法律の所管事項であるものを、明治憲法下において独立命令（明憲9条）によって定めていた場合、これを形式にこだわらず、日本国憲法において該当する法形式と同じ効力を持つとする見解と、形式上の相違を重要とみて、すべて法律として制定し直す必要があるとする見解に分かれる。この問題は、立法的に解決されており、「日本国憲法施行の際現に効力を有する命令の規定の効力等に関する法律」（昭和22年法律72号）により、法律で規定すべき事項を規定する命令について、1947（昭和22）年末という期限付きで法律と同等の効力を有することとし、それ以外の勅令については政令と同一の効力をもつとされたのである（昭和22年政令14号）。

第8章　最高法規と憲法改正

第2節　国法の諸形式と体系

　国法の形式としては、まず、成文法と不文法とが存在する。わが国は成文法中心主義を採用しているが、不文法が存在する余地も認められている。すなわち、法例2条は「公ノ秩序又ハ善良ノ風俗ニ反セサル慣習ハ法令ノ規定ニ依リテ認メタルモノ及ヒ法令ニ規定ナキ事項ニ関スルモノニ限リ法律ト同一ノ効力ヲ有ス」と規定している。例えば、法令の公布方法について規定するものはわが国には存在しないが、官報によることが慣行とされており、このことは法的確信に支えられていることから、慣習法となっているということができる。

　国法が、所管事項（規定事項）にできないものを内容としたり、法定の成立手続に反して制定された場合に、その効力は無効とされる。問題となるのは、所管事項を共通にしている国法の中に、相互に矛盾する内容のものが存在する場合、どちらの国法が有効なのかということである。この点について、次のような原則が存在する。すなわち、①国法の体系の中において、高い地位のものが優越する。②特別法は一般法に優先する。③後法は前法を廃する。

　憲法より下位の国法には、以下のものが存在する。

1　法　　律

　「法律」という言葉には、次の3種類の用法がある。まず、法律学というように、広く法一般を指す場合がある。次に、その中でも、国民の権利・義務に関する一般的、抽象的法規範のみを指す場合があり、これを実質的意味の立法という場合がある。さらには、制定する機関、あるいは手続に着目して、国会が制定する法規を法律という場合があり、こ

こでは、この意味に使用する。

　法律事項としては、それが必ず法律によらなければならない必要的法律事項と、そうとは限らない任意的法律事項とが存在する。必要的法律事項には、実質的意味の立法と、憲法の各条文において法律で定めることを要求し、法律事項としている場合（憲2条、4条2項、5条等）とが含まれる。任意的法律事項も、一度法律の法形式によって制定されたならば、それを改廃するには法律によらなければならない。法律の国法体系における効力は、憲法に次ぐものであり、条約には劣るとされている。その成立手続は、以下のようになる。

　a）発　案　　発案は、他院からの提出、国会議員（国会56条1項）、委員会（国会50条の2）、および内閣（内5条）によって行われる。国会議員が発案をするには、衆議院においては20人以上の、参議院においては10人以上の賛成を、予算を伴う法律についてはさらに加重された人数の賛成が必要とされている（国会56条1項）

　b）審　議　　法律案が発議あるいは提出されると、議長はこれを委員会に付託し、そこでの審査を経て本会議に付されることになる（国会56条2項）。明治憲法の下では、本会議中心の読会制が採用されていたが、戦後アメリカ連邦議会をモデルとして、審議の重点は委員会に移行した。

　c）議　決　　法律案は、両議院で可決されたときに法律になるのが原則であるが（憲59条1項）、憲法には3つの例外が存在する。それらは、衆議院が優越する場合（憲59条2項）、緊急集会の場合（憲54条2項・3項）、地方自治特別法の場合（憲95条）である。

　d）署名・連署　　法律には、すべて主任の国務大臣が署名し、内閣総理大臣が連署することを必要とする（憲74条）。これは内閣の執行責任を明らかにするためのものであり、法律自体の効力とは無関係である。

第8章　最高法規と憲法改正

　e）公布・施行　　公布は、天皇が内閣の助言と承認により、国民のためにこれを行う（憲7条1号）。公布の形式について規定している法令は存在しないが、官報でなされるのが慣習とされている。公布の時点は、公布即日施行の法律について問題となるが、それは、一般の希望者が閲覧あるいは購入しようと思えば入手することの可能な場所に官報が置かれた時点、すなわち印刷局官報課、あるいは東京都の官報販売所に並んだ時点であるとされている（最大判昭33・10・15刑集12・14・3313）。施行期日は法律に明示されたり、命令に委任されることが多いが、別段の定めが存在しない場合には、公布の日から起算して、満20日を経て施行されることになる（法例1条）。

2　予　　算

　予算は、一会計年度における国の財政行為の準則であり、歳入・歳出の予定見積りを主な内容としている。国家機関のみを拘束する法規範であると考えられている。予算と法律とは所管（規定）事項を異にしており、予算で法律を変更したり、逆に法律で予算を変更することはあり得ない。ただし、、支出義務は法律によって定められ、支出は予算によってなされるというように、予算と法律は非常に密接な関係にある。本来、法律と予算の内容に矛盾があってはならないが、両者に不一致が生じた場合、それを調整する義務が、第1次的には内閣に、最終的には国会に存在する。

3　議　院　規　則

　両議院は、各々その会議その他の手続及び内部の規律に関する規則を定めることができる（憲58条2項）。議院規則は議院内においてのみ効力を有するものであることから、公布されることはない。明治憲法以来（明憲51条参照）、憲法と議院規則との間には法律が介在し（国会法）、議

第 2 節　国法の諸形式と体系

院規則ではその法律の細則を定めることとされている。法律との効力関係について、議院規則は法律に劣るとされている。

4　最高裁判所規則

最高裁判所は、訴訟に関する手続、弁護士、裁判所の内部規律及び司法事務処理に関する事項について、規則を定める権限を有する（憲77条1項）。また、最高裁判所は、下級裁判所に関する規則を定める権限を、下級裁判所に委任することができる（憲77条3項）。このように、最高裁判所に規則制定権が認められているのは、裁判所の自主性を確保するとともに、訴訟手続や裁判所の内部事項については、それらに精通した、裁判所の判断を尊重するためである。最高裁判所規則は、最高裁判所の裁判官会議において制定され（裁12条1項参照）、官報に掲載され、公布される。

その所管事項は、訴訟に関する手続、弁護士、裁判所の内部規律及び司法事務処理に関する事項である。これらは、最高裁判所規則のみに与えられた専属的所管事項なのか、法律との競合が認められる、競合的所管事項なのかが問題となる。判例では、競合することが認められている（最判昭30・4・22刑集9・5・911）。また、憲法31条のように、法律で定めることが要求されている場合、訴訟手続の重要な事項を法律で定め、手続の技術的、細則的な部分は規則で定めることになる。法律と規則との形式的効力関係については、国会が唯一の立法機関であるとされていること、所管事項が人身の自由に関わることから、法律が優位することになる。

5　命　　令

行政機関によって制定される法規範を総称して命令という。国会が唯一の立法機関とされていることから（憲41条）、命令には、法律を実施

91

するための技術的、細則的規定である執行命令と、法律による委任に基づいて制定される委任命令のみが認められる。命令のなかに、政令、府令・省令、規則の別がある。

　政令は内閣によって制定されるものである。日本国憲法は、内閣の職務として、この憲法及び法律の規定を実施するために、政令を制定することをあげている（73条6号）。この条項によれば、憲法を直接実施するための政令を制定すことも認められているように読める余地があるが、しかし国会が唯一の立法機関とされていることから、このような政令を制定することは認められない。従って、栄典の授与に関して（憲7条7号）、政府が褒章条例（明治14年太政官布告63号）を政令（昭和30年政令7号）で改正したのは、問題である。

　府令・省令は、各大臣が、主任の行政事務について、法律もしくは政令を施行するために、または法律もしくは政令の特別の委任に基づいて制定されるものである（行組12条1項）。主任の大臣（内閣府においては、その長としての内閣総理大臣）が公布し、その効力は政令に劣る。

　命令には、その他、個々の法律によって認められている規則が存在する（行組13条）。そのようなものとして、公正取引委員会規則（独禁76条）、会計検査院規則（会検38条）、人事院規則（国公16条）などがある。

第3節　憲法と条約

1　条約の意味

　文書による国家間の合意を条約という。条約という名称が付されずに、協約あるいは協定と呼ばれているものをも包含するが、条約を執行するための合意（執行協定）や、条約の委任に基づく合意（委任協定）は条約

第3節　憲法と条約

に含まれない。条約は国際法として、原則として関係国家のみを拘束するが、その内容が国民の権利・義務に直接関わるものを含む場合、それを実施するための法律を制定するなどの国内的措置がとられるのが通常であるが、たとえそのような措置がとられなくても、公布されるならば、国民を直接拘束すると考えられている。日本国憲法98条2項は、「日本国が締結した条約及び確立された国際法規は、これを誠実に遵守することを必要とする」とし、この規定にはそのような趣旨が含まれると理解されている。ただし、このような国際法と国内法の一元論に対して、国際法と国内法は次元を異にする法体系であり、両者は互いに独立し、影響を及ぼさないという二元論の立場も存在する。この見解によれば、国際法が国内法的効力を有するためには、国内的立法措置が欠かせないことになる。

2　成立手続

a)　締　結　条約を締結する権限は内閣が有する（憲73条3号）。全権委員の署名・調印（確認のために印を押すこと）、内閣による批准によって成立するが、緊急の場合には、委員の署名・調印で成立することもある。

b)　承　認　条約を国会の民主的コントロールの下におくために、憲法は、事前に、時宜によっては事後に、国会の承認を経ることを要求している（憲73条3号但書）。もし事後に国会の承認が得られない場合、国内的には効力が生じないことになるが、国際法としての効力は、相手国にその取消しを求め、同意が得られてはじめてその効力が消滅することになる。承認手続について、衆議院の優越が認められている。

c)　公　布　天皇が批准書を認証し（憲7条8号）、公布する（憲7条1号）。

第 8 章　最高法規と憲法改正

3　条約と国内法との効力関係

　条約は本来国際法であり、国内法とは一応切り離して考えることができる。しかし、わが国では、条約も国会において承認され、公布されると、国内法としても通用するとされているので（一元論）、条約と国内法との効力関係を検討する必要が生ずるのである。

　条約が法律に優位することに異論はない。問題となるのは憲法との関係であり、条約優位説と憲法優位説とが対立している。条約優位説は、憲法がその基本原理として国際協調主義を採用していること、憲法98条2項において国際法を遵守すべきことを要求していること、違憲立法審査権について述べている憲法81条や最高法規性をうたっている98条1項の文言から、条約が除かれていることをその根拠としている。

　これに対して、憲法優位説は、条約締結権自体が憲法によって授権されているが、明示的規定が存在しないのに、授権している法より、授権されている権限によって成立する法が上位にあるとするのは論理的に矛盾していること、憲法改正よりはるかに緩やかな手続で、実質上憲法を改正できることになるのは不当であることを、その主張の根拠としている。

　わが国の判例の態度には不明確さが残されているが、いわゆる日米安全保障条約の合憲性が問われた砂川事件判決において、最高裁は、「一見極めて明白に違憲無効であると認められない限りは、裁判所の司法審査の範囲外」であると述べたが、これは一見極めて明白に違憲であれば無効にすることを意味するのであり、憲法優位説に立っているのである（最大判昭34・12・16刑集13・13・3225）。

第4節　憲法改正

　憲法は国家の最高法規であることから、容易に変更がなされてはならないが、時代の要請と国民の要求によって、その改正が必要となることも否定することはできない。日本国憲法96条は憲法改正手続を定めているが、両院の議員の3分の2による発議と、さらには国民投票を要求している、高度の硬性憲法である。現在、憲法を改正するための手続法は存在しないが、憲法を改正するには、そのための手続法が存在することが好ましいが、それが存在しないからといって改正を不可能とするものではない。

1　改正手続

　a)　国会の発議　　憲法の改正は、各議院の総議員の3分の2以上の賛成で、国会がこれを発議する（憲96条1項前段）。問題となるのは、内閣が議案として提出する権限、すなわち発案権を有するか否かである。内閣総理大臣および過半数以上の国務大臣が国会議員であることから（憲67条1項、68条1項）、これを議論する実益はあまりないと言えるが、これを否定しなければならない理由は存在しない。発議を審議するための定足数について、明記する規定は存在しないが、憲法が法案の審議について要求している三分の一とすべきであろう（憲56条参照）。憲法改正の重大性から、法律によってさらに加重して、例えばこれを2分の1と定めることは差し支えない。また、「総議員」とは、議院の定数なのか、定数から欠員を引いた現在数なのかについても争いが存在するが、通常の手続にならい、現在数ということになろう。ただし、問題の重要性から、法律で議員の定数とすることも可能である。

第 8 章　最高法規と憲法改正

　b）　国民の承認　　憲法改正を国会が発議した後、国民に提案してその承認を経なければならない。「この承認には、特別の国民投票又は国会の定める選挙の際行われる投票において、その過半数の賛成を必要とする」（憲 96 条 1 項）。ここで述べられている過半数について、有権者、総得票数、有効投票数いずれの過半数なのかについて見解が分かれるが、通常の選挙手続において計算の母数とされている、有効投票の過半数ということになる。ただしこの点も、憲法改正の重大性を考慮して、法律でこれを総得票数とすることも可能である。

　c）　公　布　　憲法改正について、国民投票による承認を経たときは、天皇は、国民の名で、この憲法と一体を成すものとして、直ちにこれを公布する（憲 98 条 2 項、7 条 1 号）。

2　改正の限界

　憲法典自体に改正の限界が設けられている場合がある。たとえば、ドイツ基本法 79 条 3 項は次のように定めている。「連邦の諸ラントへの編成、立法に際しての諸ラントの原則的協力、または、第 1 条および第 20 条にうたわれている基本原則に触れることは、許されない」。この場合、そこに述べられている事柄、あるいは条項が憲法改正の限界になることは言うまでもない。

　日本国憲法に目を転じてみると、前文の中に「人類普遍の原理」、9 条 1 項に「永久にこれを放棄する」、さらに 11 条および 97 条に「永久の権利」という表現が使用されており、これらは憲法改正の限界となるものであるが、ドイツ基本法のように包括的に規定している条文は存在しない。

　次に、理論レベルにおいて、日本国憲法を改正する場合に、限界が存在するか否かが問題となる。改正に限界があるとする根拠は、以下のようになる。すなわち、憲法改正権は憲法によって作られた権限であるか

第4節　憲法改正

ら、憲法制定権力を排除したり、憲法制定権力の基礎的政治決定を変更できない。あるいは、憲法の基礎をなし、その究極にある原理を定める根本規範に抵触することは許されない、と。これに対して、憲法の改正には限界が存在しないとの、無限界論者は、憲法規定はすべて均質なのであり、その中に基礎的根本規範とその他のものを区別する理由は存在しないのであり、また憲法制定権力も改正権力も、その主体は国民なのであり、前者が後者を拘束しているとの理論に根拠はないのであり、いかなる改正も可能であるとする。

　憲法改正の限界の問題は、憲法改正権の上に憲法制定権が位置するのか、憲法の中に根本規範と称すべきものが存在するのか、いずれも憲法の根本に関わる困難な問題である。とはいえ、憲法改正は、本来憲法の同一性、継続性を前提として考えられるものであり、その意味で、改正には限界が存在するのである。すなわち、憲法の同一性を損なう（何を称して同一性が損なわれたというのかについて困難な問題が残るが、例えば、主権の変更はその典型である）改正は、もはや改正ではなく、新たな憲法の制定なのである。まさに、日本国憲法そのものも、このようにして誕生したのである。すなわち、日本国憲法は大日本帝国憲法（明治憲法）の改正として、その改正手続（明憲73条）に則って作られたのであるが、それは明治憲法の改正ではなく、明治憲法の改正手続を使用して成立した、新憲法なのである。

日本国憲法

公布　昭和 21 年 11 月 3 日
施行　昭和 22 年 5 月 3 日

前　文

　日本国民は、正当に選挙された国会における代表者を通じて行動し、われらとわれらの子孫のために、諸国民との協和による成果と、わが国全土にわたつて自由のもたらす恵沢を確保し、政府の行為によつて再び戦争の惨禍が起ることのないやうにすることを決意し、ここに主権が国民に存することを宣言し、この憲法を確定する。そもそも国政は、国民の厳粛な信託によるものであつて、その権威は国民に由来し、その権力は国民の代表者がこれを行使し、その福利は国民がこれを享受する。これは人類普遍の原理であり、この憲法は、かかる原理に基くものである。われらは、これに反する一切の憲法、法令及び詔勅を排除する。

　日本国民は、恒久の平和を念願し、人間相互の関係を支配する崇高な理想を深く自覚するのであつて、平和を愛する諸国民の公正と信義に信頼して、われらの安全と生存を保持しようと決意した。われらは、平和を維持し、専制と隷従、圧迫と偏狭を地上から永遠に除去しようと努めてゐる国際社会において、名誉ある地位に占めたいと思ふ。われらは、全世界の国民が、ひとしく恐怖と欠乏から免かれ、平和のうちに生存する権利を有することを確認する。

　われらは、いづれの国家も、自国のことのみに専念して他国を無視してはならないのであつて、政治道徳の法則は、普遍的なものであり、この法則に従ふことは、自国の主権を維持し、他国と対等関係に立たうとする各国の責務であると信ずる。

日本国憲法

　日本国民は、国家の名誉にかけ、全力をあげてこの崇高な理想と目的を達成することを誓ふ。

　　　第1章　天　　皇

第1条　天皇は、日本国の象徴であり日本国民統合の象徴であつて、この地位は、主権の存する日本国民の総意に基く。

第2条　皇位は、世襲のものであつて、国会の議決した皇室典範の定めるところにより、これを継承する。

第3条　天皇の国事に関するすべての行為には、内閣の助言と承認を必要とし、内閣が、その責任を負ふ。

第4条　天皇は、この憲法の定める国事に関する行為のみを行ひ、国政に関する権能を有しない。

　②　天皇は、法律の定めるところにより、その国事に関する行為を委任することができる。

第5条　皇室典範の定めるところにより摂政を置くときは、摂政は、天皇の名でその国事に関する行為を行ふ。この場合には、前条第1項の規定を準用する。

第6条　天皇は、国会の指名に基いて、内閣総理大臣を任命する。

　②　天皇は、内閣の指名に基いて、最高裁判所の長たる裁判官を任命する。

第7条　天皇は、内閣の助言と承認により、国民のために、左の国事に関する行為を行ふ。

　1　憲法改正、法律、政令及び条約を公布すること。
　2　国会を召集すること。
　3　衆議院を解散すること。
　4　国会議員の総選挙の施行を公示すること。
　5　国務大臣及び法律の定めるその他の官吏の任免並びに全権委任状

及び大使及び公使の信任状を認証すること。
6　大赦、特赦、減刑、刑の執行の免除及び復権を認証すること。
7　栄典を授与すること。
8　批准書及び法律の定めるその他の外交文書を認証すること。
9　外国の大使及び公使を接受すること。
10　儀式を行ふこと。

第8条　皇室に財産を譲り渡し、又は皇室が、財産を譲り受け、若しくは賜与することは、国会の議決に基かなければならない。

第2章　戦争の放棄

第9条　日本国民は、正義と秩序を基調とする国際平和を誠実に希求し、国権の発動たる戦争と、武力による威嚇又は武力の行使は、国際紛争を解決する手段としては、永久にこれを放棄する。
② 前項の目的を達するため、陸海空軍その他の戦力は、これを保持しない。国の交戦権は、これを認めない。

第3章　国民の権利及び義務

第10条　日本国民たる要件は、法律でこれを定める。

第11条　国民は、すべての基本的人権の享有を妨げられない。この憲法が国民に保障する基本的人権は、侵すことのできない永久の権利として、現在及び将来の国民に与へられる。

第12条　この憲法が国民に保障する自由及び権利は、国民の不断の努力によつて、これを保持しなければならない。又、国民は、これを濫用してはならないのであつて、常に公共の福祉のためにこれを利用する責任を負ふ。

第13条　すべて国民は、個人として尊重される。生命、自由及び幸福追求に対する国民の権利については、公共の福祉に反しない限り、立

法その他の国政の上で、最大の尊重を必要とする。

第14条　すべて国民は、法の下に平等であつて、人種、信条、性別、社会的身分又は門地により、政治的、経済的又は社会的関係において、差別されない。

②　華族その他の貴族の制度は、これを認めない。

③　栄誉、勲章その他の栄典の授与は、いかなる特権も伴はない。栄典の授与は、現にこれを有し、又は将来これを受ける者の一代に限り、その効力を有する。

第15条　公務員を選定し、及びこれを罷免することは、国民固有の権利である。

②　すべて公務員は、全体の奉仕者であつて、一部の奉仕者ではない。

③　公務員の選挙については、成年者による普通選挙を保障する。

④　すべて選挙における投票の秘密は、これを侵してはならない。選挙人は、その選択に関し公的にも私的にも責任を問はれない。

第16条　何人も、損害の救済、公務員の罷免、法律、命令又は規則の制定、廃止又は改正その他の事項に関し、平穏に請願する権利を有し、何人も、かかる請願をしたためにいかなる差別待遇も受けない。

第17条　何人も、公務員の不法行為により、損害を受けたときは、法律の定めるところにより、国又は公共団体に、その賠償を求めることができる。

第18条　何人も、いかなる奴隷的拘束も受けない。又、犯罪に因る処罰の場合を除いては、その意に反する苦役に服させられない。

第19条　思想及び良心の自由は、これを侵してはならない。

第20条　信教の自由は、何人に対してもこれを保障する。いかなる宗教団体も、国から特権を受け、又は政治上の権力を行使してはならない。

②　何人も、宗教上の行為、祝典、儀式又は行事に参加することを強

制されない。

③　国及びその機関は、宗教教育その他いかなる宗教的活動もしてはならない。

第21条　集会、結社及び言論、出版その他一切の表現の自由は、これを保障する。

②　検閲は、これをしてはならない。通信の秘密は、これを侵してはならない。

第22条　何人も、公共の福祉に反しない限り、居住、移転及び職業選択の自由を有する。

②　何人も、外国に移住し、又は国籍を離脱する自由を侵されない。

第23条　学問の自由は、これを保障する。

第24条　婚姻は、両性の合意のみに基いて成立し、夫婦が同等の権利を有することを基本として、相互の協力により、維持されなければならない。

②　配偶者の選択、財産権、相続、住居の選定、離婚並びに婚姻及び家族に関するその他の事項に関しては、法律は、個人の尊厳と両性の本質的平等に立脚して、制定されなければならない。

第25条　すべて国民は、健康で文化的な最低限度の生活を営む権利を有する。

②　国は、すべての生活部面について、社会福祉、社会保障及び公衆衛生の向上及び増進に務めなければならない。

第26条　すべて国民は、法律の定めるところにより、その能力に応じて、ひとしく教育を受ける権利を有する。

②　すべて国民は、法律の定めるところにより、その保護する子女に普通教育を受けさせる義務を負ふ。義務教育は、これを無償とする。

第27条　すべて国民は、勤労の権利を有し、義務を負ふ。

②　賃金、就業時間、休息その他の勤労条件に関する基準は、法律で

日本国憲法

　　これを定める。
　③　児童は、これを酷使してはならない。
第28条　勤労者の団結する権利及び団体交渉その他の団体行動をする権利は、これを保障する。
第29条　財産権は、これを侵してはならない。
　②　財産権の内容は、公共の福祉に適合するやうに、法律でこれを定める。
　③　私有財産は、正当な補償の下に、これを公共のために用ひることができる。
第30条　国民は、法律の定めるところにより、納税の義務を負ふ。
第31条　何人も、法律の定める手続によらなければ、その生命若しくは自由を奪はれ、又はその他の刑罰を科せられない。
第32条　何人も、裁判所において裁判を受ける権利を奪はれない。
第33条　何人も、現行犯として逮捕される場合を除いては、権限を有する司法官憲が発し、且つ理由となつてゐる犯罪を明示する令状によらなければ、逮捕されない。
第34条　何人も、理由を直ちに告げられ、且つ、直ちに弁護人に依頼する権利を与へられなければ、抑留又は拘禁されない。又、何人も、正当な理由がなければ、拘禁されず、要求があれば、その理由は、直ちに本人及びその弁護人の出席する公開の法廷で示されなければならない。
第35条　何人も、その住居、書類及び所持品について、侵入、捜索及び押収を受けることのない権利は、第33条の場合を除いては、正当な理由に基いて発せられ、且つ捜索する場所及び押収する物を明示する令状がなければ、侵されない。
　②　捜索又は押収は、権限を有する司法官憲が発する各別の令状により、これを行ふ。

第36条　公務員による拷問及び残虐な刑罰は、絶対にこれを禁ずる。

第37条　すべて刑事事件においては、被告人は、公平な裁判所の迅速な公開裁判を受ける権利を有する。

　②　刑事被告人は、すべての証人に対して審問する機会を充分に与へられ、又、公費で自己のために強制的手続により証人を求める権利を有する。

　③　刑事被告人は、いかなる場合にも、資格を有する弁護人を依頼することができる。被告人が自らこれを依頼することができないときは、国でこれを附する。

第38条　何人も、自己に不利益な供述を強要されない。

　②　強制、拷問若しくは脅迫による自白又は不当に長く抑留若しくは拘禁された後の自白は、これを証拠とすることができない。

　③　何人も、自己に不利益な唯一の証拠が本人の自白である場合には、有罪とされ、又は刑罰を科せられない。

第39条　何人も、実行の時に適法であつた行為又は既に無罪とされた行為については、刑事上の責任を問はれない。又、同一の犯罪について、重ねて刑事上の責任を問はれない。

第40条　何人も、抑留又は拘禁された後、無罪の裁判を受けたときは、法律の定めるところにより、国にその補償を求めることができる。

　　　第4章　国　　会

第41条　国会は、国権の最高機関であつて、国の唯一の立法機関である。

第42条　国会は、衆議院及び参議院の両議院でこれを構成する。

第43条　両議院は、全国民を代表する選挙された議員でこれを組織する。

　②　両議院の議員の定数は、法律でこれを定める。

日本国憲法

第44条　両議院の議員及びその選挙人の資格は、法律でこれを定める。但し、人種、信条、性別、社会的身分、門地、教育、財産又は収入によつて差別してはならない。

第45条　衆議院議員の任期は、4年とする。但し、衆議院解散の場合には、その期間満了前に終了する。

第46条　参議院議員の任期は、6年とし、3年ごとに議員の半数を改選する。

第47条　選挙区、投票の方法その他両議院の議員の選挙に関する事項は、法律でこれを定める。

第48条　何人も、同時に両議院の議員たることはできない。

第49条　両議院の議員は、法律の定めるところにより、国庫から相当額の歳費を受ける。

第50条　両議院の議員は、法律の定める場合を除いては、国会の会期中逮捕されず、会期前に逮捕された議員は、その議院の要求があれば、会期中これを釈放しなければならない。

第51条　両議院の議員は、議院で行つた演説、討論又は表決について、院外で責任を問はれない。

第52条　国会の常会は、毎年1回これを召集する。

第53条　内閣は、国会の臨時会の召集を決定することができる。いづれかの議院の総議員の4分の1以上の要求があれば、内閣は、その召集を決定しなければならない。

第54条　衆議院が解散されたときは、解散の日から40日以内に、衆議院議員の総選挙を行ひ、その選挙の日から30日以内に、国会を召集しなければならない。

②　衆議院が解散されたときは、参議院は、同時に閉会となる。但し、内閣は、国に緊急の必要があるときは、参議院の緊急集会を求めることができる。

③　前項但書の緊急集会において採られた措置は、臨時のものであつて、次の国会開会の後10日以内に、衆議院の同意がない場合には、その効力を失ふ。

第55条　両議院は、各々その議員の資格に関する争訟を裁判する。但し、議員の議席を失はせるには、出席議員の3分の2以上の多数による議決を必要とする。

第56条　両議院は、各々その総議員の3分の1以上の出席がなければ、議事を開き議決することができない。

②　両議院の議事は、この憲法に特別の定のある場合を除いては、出席議員の過半数でこれを決し、可否同数のときは、議長の決するところによる。

第57条　両議院の会議は、公開とする。但し、出席議員の3分の2以上の多数で議決したときは、秘密会を開くことができる。

②　両議院は、各々その会議の記録を保存し、秘密会の記録の中で特に秘密を要すると認められるもの以外は、これを公表し、且つ一般に頒布しなければならない。

③　出席議員の5分の1以上の要求があれば、各議員の表決は、これを会議録に記載しなければならない。

第58条　両議院は、各々その議長その他の役員を選任する。

②　両議院は、各々その会議その他の手続及び内部の規律に関する規則を定め、又、院内の秩序をみだした議員を懲罰することができる。但し、議員を除名するには、出席議員の3分の2以上の多数による議決を必要とする。

第59条　法律案は、この憲法に特別の定のある場合を除いては、両議院で可決したとき法律となる。

②　衆議院で可決し、参議院でこれと異なった議決をした法律案は、衆議院で出席議員の3分の2以上の多数で再び可決したときは、法

日本国憲法

律となる。
③　前項の規定は、法律の定めるところにより、衆議院が、両議院の協議会を開くことを求めることを妨げない。
④　参議院が、衆議院の可決した法律案を受け取った後、国会休会中の期間を除いて60日以内に、議決しないときは、衆議院は、参議院がその法律案を否決したものとみなすことができる。

第60条　予算は、さきに衆議院に提出しなければならない。
②　予算について、参議院で衆議院と異なった議決をした場合に、法律の定めるところにより、両議院の協議会を開いても意見が一致しないとき、又は参議院が、衆議院の可決した予算を受け取った後、国会休会中の期間を除いて30日以内に、議決しないときは、衆議院の議決を国会の議決とする。

第61条　条約の締結に必要な国会の承認については、前条第2項の規定を準用する。

第62条　両議院は、各々国政に関する調査を行ひ、これに関して、証人の出頭及び証言並びに記録の提出を要求することができる。

第63条　内閣総理大臣その他の国務大臣は、両議院の一に議席を有すると有しないとにかかはらず、何時でも議案について発言するため議院に出席することができる。又、答弁又は説明のため出席を求められたときは、出席しなければならない。

第64条　国会は、罷免の訴追を受けた裁判官を裁判するため、両議院の議員で組織する弾劾裁判所を設ける。
②　弾劾に関する事項は、法律でこれを定める。

　　　第5章　内　　閣

第65条　行政権は、内閣に属する。
第66条　内閣は、法律の定めるところにより、その首長たる内閣総理

大臣及びその他の国務大臣でこれを組織する。

② 内閣総理大臣その他の国務大臣は、文民でなければならない。

③ 内閣は、行政権の行使について、国会に対し連帯して責任を負ふ。

第67条 内閣総理大臣は、国会議員の中から国会の議決で、これを指名する。この指名は、他のすべての案件に先だつて、これを行ふ。

② 衆議院と参議院とが異なつた指名の議決をした場合に、法律の定めるところにより、両議院の協議会を開いても意見が一致しないとき、又は衆議院が指名の議決をした後、国会休会中の期間を除いて10日以内に、参議院が、指名の議決をしないときは、衆議院の議決を国会の議決とする。

第68条 内閣総理大臣は、国務大臣を任命する。但し、その過半数は、国会議員の中から選ばれなければならない。

② 内閣総理大臣は、任意に国務大臣を罷免することができる。

第69条 内閣は、衆議院で不信任の決議案を可決し、又は信任の決議案を否決したときは、10日以内に衆議院が解散されない限り、総辞職をしなければならない。

第70条 内閣総理大臣が欠けたとき、又は衆議院議員総選挙の後に初めて国会の召集があつたときは、内閣は、総辞職しなければならない。

第71条 前2条の場合には、内閣は、あらたに内閣総理大臣が任命されるまで引き続きその職務を行ふ。

第72条 内閣総理大臣は、内閣を代表して議案を国会に提出し、一般国務及び外交関係について国会に報告し、並びに行政各部を指揮監督する。

第73条 内閣は、他の一般行政事務の外、左の事務を行ふ。

1 法律を誠実に執行し、国務を総理すること。

2 外交関係を処理すること。

3 条約を締結すること。但し、事前に、時宜によつては事後に、国

日本国憲法

　　会の承認を経ることを必要とする。
　4　法律の定める基準に従ひ、官吏に関する事務を掌理すること。
　5　予算を作成して国会に提出すること。
　6　この憲法及び法律の規定を実施するために、政令を制定すること。但し、政令には、特にその法律の委任がある場合を除いては、罰則を設けることができない。
　7　大赦、特赦、減刑、刑の執行の免除及び復権を決定すること。

第74条　法律及び政令には、すべて主任の国務大臣が署名し、内閣総理大臣が連署することを必要とする。

第75条　国務大臣は、その在任中、内閣総理大臣の同意がなければ、訴追されない。但し、これがため、訴追の権利は、害されない。

第6章　司　　法

第76条　すべて司法権は、最高裁判所及び法律の定めるところにより設置する下級裁判所に属する。
　②　特別裁判所は、これを設置することができない。行政機関は、終審として裁判を行ふことができない。
　③　すべて裁判官は、その良心に従ひ独立してその職権を行ひ、この憲法及び法律にのみ拘束される。

第77条　最高裁判所は、訴訟に関する手続、弁護士、裁判所の内部規律及び司法事務処理に関する事項について、規則を定める権限を有する。
　②　検察官は、最高裁判所の定める規則に従はなければならない。
　③　最高裁判所は、下級裁判所に関する規則を定める権限を、下級裁判所に委任することができる。

第78条　裁判官は、裁判により、心身の故障のために職務を執ることができないと決定された場合を除いては、公の弾劾によらなければ罷

免されない。裁判官の懲戒処分は、行政機関がこれを行ふことはできない。

第79条　最高裁判所は、その長たる裁判官及び法律の定める員数のその他の裁判官でこれを構成し、その長たる裁判官以外の裁判官は、内閣でこれを任命する。

②　最高裁判所の裁判官の任命は、その任命後初めて行はれる衆議院議員総選挙の際国民の審査に付し、その後10年を経過した後初めて行はれる衆議院議員総選挙の際更に審査に付し、その後も同様とする。

③　前項の場合において、投票者の多数が裁判官の罷免を可とするときは、その裁判官は、罷免される。

④　審査に関する事項は、法律でこれを定める。

⑤　最高裁判所の裁判官は、法律の定める年齢に達した時に退官する。

⑥　最高裁判所の裁判官は、すべて定期に相当額の報酬を受ける。この報酬は、在任中、これを減額することができない。

第80条　下級裁判所の裁判官は、最高裁判所の指名した者の名簿によつて、内閣でこれを任命する。その裁判官は、任期を10年とし、再任されることができる。但し、法律の定める年齢に達した時には退官する。

②　下級裁判所の裁判官は、すべて定期に相当額の報酬を受ける。この報酬は、在任中、これを減額することができない。

第81条　最高裁判所は、一切の法律、命令、規則又は処分が憲法に適合するかしないかを決定する権限を有する終審裁判所である。

第82条　裁判の対審及び判決は、公開法廷でこれを行ふ。

②　裁判所が、裁判官の全員一致で、公の秩序又は善良の風俗を害する虞があると決した場合には、対審は、公開しないでこれを行ふことができる。但し、政治犯罪、出版に関する犯罪又はこの憲法第3

章で保障する国民の権利が問題となつてゐる事件の対審は、常にこれを公開しなければならない。

第7章　財　　政

第83条　国の財政を処理する権限は、国会の議決に基いて、これを行使しなければならない。

第84条　あらたに租税を課し、又は現行の租税を変更するには、法律又は法律の定める条件によることを必要とする。

第85条　国費を支出し、又は国が債務を負担するには、国会の議決に基くことを必要とする。

第86条　内閣は、毎会計年度の予算を作成し、国会に提出して、その審議を受け議決を経なければならない。

第87条　予見し難い予算の不足に充てるため、国会の議決に基いて予備費を設け、内閣の責任でこれを支出することができる。

②　すべて予備費の支出については、内閣は、事後に国会の承諾を得なければならない。

第88条　すべて皇室財産は、国に属する。すべて皇室の費用は、予算に計上して国会の議決を経なければならない。

第89条　公金その他の公の財産は、宗教上の組織若しくは団体の使用、便益若しくは維持のため、又は公の支配に属しない慈善、教育若しくは博愛の事業に対し、これを支出し、又はその利用に供してはならない。

第90条　国の収入支出の決算は、すべて毎年会計検査院がこれを検査し、内閣は、次の年度に、その検査報告とともに、これを国会に提出しなければならない。

②　会計検査院の組織及び権限は、法律でこれを定める。

第91条　内閣は、国会及び国民に対し、定期に、少くとも毎年1回、

国の財政状況について報告しなければならない。

第8章　地方自治

第92条　地方公共団体の組織及び運営に関する事項は、地方自治の本旨に基いて、法律でこれを定める。

第93条　地方公共団体には、法律の定めるところにより、その議事機関として議会を設置する。

②　地方公共団体の長、その議会の議員及び法律の定めるその他の吏員は、その地方公共団体の住民が、直接これを選挙する。

第94条　地方公共団体は、その財産を管理し、事務を処理し、及び行政を執行する権能を有し、法律の範囲内で条例を制定することができる。

第95条　一の地方公共団体のみに適用される特別法は、法律の定めるところにより、その地方公共団体の住民の投票においてその過半数の同意を得なければ、国会は、これを制定することができない。

第9章　改　　正

第96条　この憲法の改正は、各議院の総議員の3分の2以上の賛成で、国会が、これを発議し、国民に提案してその承認を経なりればならない。この承認には、特別の国民投票又は国会の定める選挙の際行はれる投票において、その過半数の賛成を必要とする。

②　憲法改正について前項の承認を経たときは、天皇は、国民の名で、この憲法と一体を成すものとして、直ちにこれを公布する。

第10章　最高法規

第97条　この憲法が日本国民に保障する基本的人権は、人類の多年にわたる自由獲得の努力の成果であつて、これらの権利は、過去幾多の

日本国憲法

試練に堪へ、現在及び将来の国民に対し、侵すことのできない永久の権利として信託されたものである。

第98条　この憲法は、国の最高法規であつて、その条規に反する法律、命令、詔勅及び国務に関するその他の行為の全部又は一部は、その効力を有しない。

② 日本国が締結した条約及び確立された国際法規は、これを誠実に遵守することを必要とする。

第99条　天皇又は摂政及び国務大臣、国会議員、裁判官その他の公務員は、この憲法を尊重し擁護する義務を負ふ。

第11章　補　則

第100条　この憲法は、公布の日から起算して6箇月を経過した日から、これを施行する。

② この憲法を施行するために必要な法律の制定、参議院議員の選挙及び国会召集の手続並びにこの憲法を施行するために必要な準備手続は、前項の期日よりも前に、これを行ふことができる。

第101条　この憲法施行の際、参議院がまだ成立してゐないときは、その成立するまでの間、衆議院は、国会としての権限を行ふ。

第102条　この憲法による第一期の参議院議員のうち、その半数の者の任期は、これを3年とする。その議員は、法律の定めるところにより、これを定める。

第103条　この憲法施行の際現に在職する国務大臣、衆議院議員及び裁判官並びにその他の公務員で、その地位に相応する地位がこの憲法で認められてゐる者は、法律で特別の定をした場合を除いては、この憲法施行のため、当然にはその地位を失ふことはない。但し、この憲法によつて、後任者が選挙又は任命されたときは、当然その地位を失ふ。

〔参考文献〕

1 憲法の統治機構といわれる部分、および憲法全体についての主要な体系書

芦部信喜『憲法』〔新版補訂版〕（岩波書店、1999年）

伊藤正己『憲法』〔第3版〕（弘文堂、1995年）

清宮四郎『憲法Ⅰ』〔第3版〕（有斐閣、1979年）

小嶋和司『憲法概説』（良書普及会、1987年）

小林直樹『憲法講義下』〔改訂版〕（東京大学出版会、1981年）

佐々木惣一『改訂日本国憲法論』（有斐閣、1952年）

阪本昌成『憲法理論　Ⅰ』（成文堂、1993年）

佐藤　功『日本国憲法概説』〔全訂第5版〕（学陽書房、1996年）

佐藤幸治『憲法』〔第3版〕（青林書院、1995年）

杉原泰雄『憲法Ⅱ　統治の機構』（有斐閣、1989年）

辻村みよ子『憲法』（日本評論社、2000年）

野中俊彦・中村睦男・高橋和之・高見勝利『憲法Ⅱ』〔第3版〕（有斐閣、2000年）

橋本公亘『日本国憲法』〔改訂版〕（有斐閣、1988年）

長谷部恭男『憲法』〔第2版〕（新世社、2001年）

樋口陽一『憲法Ⅰ』（青林書院、1998年）

松井茂記『日本国憲法』（有斐閣、1999年）

2 日本国憲法についての主要な注釈書および判例集

芦部信喜・高橋和之編『憲法判例百選Ⅱ』〔第4版〕（有斐閣、2000年）

参考文献

小林孝輔・芹沢斉編『基本法コンメンタール』[第4版]（日本評論社、1997年）
中村睦男他『教材憲法判例』[第4版]（北海道大学図書刊行会、2000年）
樋口陽一他『注釈日本国憲法下巻』（青林書院、1988年）
樋口陽一・野中俊彦編『憲法の基本判例』[第2版]（有斐閣、1996年）
法学協会『注解日本国憲法下』（有斐閣、1954年）
宮沢俊義著・芦部信喜補訂『全訂日本国憲法』（日本評論社、1978年）

3　各章の主要参考文献

第1章「統治機構総論」

清宮四郎『権力分立制の研究』（有斐閣、1950年）
手島　孝『現代行政国家論』（勁草書房、1969年）
樋口陽一『近代立憲主義と現代国家』（勁草書房、1973年）
野村敬造『権力分立に関する論攷』（法律文化社、1976年）
モンテスキュー・野田良之他訳『法の精神（上）・（中）・（下）』（岩波書店、1989年）
高田　敏『社会的法治国の構成』（信山社、1993年）
田口精一『法治国原理の展開』（信山社、1999年）

第2章「国民主権と象徴天皇制」

佐藤　功『君主制の研究』（日本評論社、1957年）
杉原泰雄『国民主権の研究』（岩波書店、1971年）
鵜飼信成『憲法における象徴と代表』（岩波書店、1977年）
杉原泰雄『国民主権と国民代表制』（岩波書店、1983年）
西平重喜『比例代表制』（中央公論社、1981年）
森脇俊雅他『比較・選挙政治』（ミネルヴァ書房、1997年）

参 考 文 献

第3章「国　会」

芦部信喜『憲法と議会政』(東京大学出版会、1971年)
丸山　健『政党法論』(学陽書房、1976年)
清水　睦『現代議会制の憲法構造』(勁草書房、1979年)
小林直樹『立法学研究―理論と動態―』(三省堂、1984年)
藤田晴子『議会制度の諸問題』(立花書房、1985年)
原田一明『議会特権の憲法的考察』(信山社、1995年)

第4章「内　閣」

宮沢俊義『憲法と政治制度』(岩波書店、1968年)
小嶋和司『憲法と政治機構』(木鐸社、1989年)
佐藤　功『行政組織法』［新版・増補］(有斐閣、1990年)
藤田宙靖『行政組織法』(良書普及会、1994年)
高橋和之『国民内閣制の理念と運用』(有斐閣、1994年)

第5章「裁判所」

高柳賢三『司法権の優位』［改訂版］(有斐閣、1958年)
宮沢俊義『憲法と裁判』(有斐閣、1967年)
横田喜三郎『違憲審査』(有斐閣、1968年)
芦部信喜『憲法訴訟の理論』(有斐閣、1973年)
カラマンドーレイ・小島武司他訳『訴訟と民主主義』(中央大学出版部、1976年)
兼子一・竹下守夫『裁判法』［新版］(有斐閣、1978年)
芦部信喜『憲法訴訟の現代的展開』(有斐閣、1981年)
藤井俊夫『憲法訴訟の基礎理論』(成文堂、1981年)
佐藤幸治『現代国家と司法権』(有斐閣、1988年)
藤井俊夫『事件性と司法権の限界』(成文堂，1992年)

参考文献

芦部信喜『人権と憲法訴訟』（有斐閣、1994年）
渋谷秀樹著『憲法訴訟要件論』（信山社、1995年）
宇都宮純一『憲法裁判権の理論』（信山社、1996年）
戸松秀典『憲法訴訟』（有斐閣、2000年）

第6章「財　政」

杉村章三郎『財政法』（有斐閣、1959年）
新井隆一『財政における憲法問題』（中央経済社、1965年）
吉田善明『現代憲法の問題状況』（評論社、1972年）
北野弘久『新財政法学・自治体財政権』（勁草書房、1977年）
雄川一郎他編『現代行政法体系　10 財政』（有斐閣、1984年）
小嶋和司『憲法と財政制度』（有斐閣、1988年）
小嶋和司著『日本財政制度の比較法史的研究』（信山社、1996年）

第7章「地方自治」

俵　静夫『地方自治法』（有斐閣、1975年）
綿貫芳源『注解地方自治法　Ⅰ・Ⅱ・Ⅲ』（公務員研修協会、1977～79年）
杉村敏正・室井力編『コンメンタール地方自治法』（勁草書房、1979年）
雄川一郎他編『現代行政法体系　8 地方自治』（有斐閣、1984年）
兼子　仁『自治体法学』（学陽書房、1988年）
遠藤文夫『地方行政論』（良書普及会、1988年）
成田頼明『地方自治の法理と改革』（第一法規、1988年）
兼子　仁・磯野弥生『地方自治法』（学陽書房、1989年）
塩野　宏『国と地方公共団体』（有斐閣、1990年）
中川　剛『地方自治制度史』（学陽書房、1990年）
長野士郎『逐条地方自治法』〔第12次改訂版〕（学陽書房、1995年）
兼子　仁『新地方自治法』（岩波書店、1999年）

室井　力・原野翹他『新現代地方自治法入門』（法律文化社、2000 年）

　　第 8 章「最高法規と憲法改正」

高野雄一『憲法と条約』（東京大学出版会、1960 年）

宮沢俊議『憲法の原理』（岩波書店、1967 年）

長谷川正安・森　英樹編『憲法改正論』（三省堂、1977 年）

菅野喜八郎『国権の限界問題』（木鐸社、1978 年）

芦部信喜『憲法制定権力』（東京大学出版会、1983 年）

堀内健志『ドイツ「法律」概念の研究序説』（多賀出版、1984 年）

小林直樹『憲法秩序の理論』（東京大学出版会、1986 年）

菅野喜八郎『続・国権の限界問題』（木鐸社、1988 年）

齊藤正彰『国法体系における憲法と条約』（信山社、2002 年）

〈著者紹介〉
猪 股 弘 貴（いのまた・ひろき）

1952 年　秋田県本荘市に生まれる
1975 年　東北大学法学部卒業
1982 年　早稲田大学大学院法学研究科博士後期課程単位取得退学
　　　　　小樽商科大学商学部助教授、カリフォルニア大学バークレー校客員研究員等を経て
現　在　小樽商科大学商学部教授
　　　　　博士（法学・早稲田大学）

（著書）
『憲法論の再構築』（信山社、2000 年）
（翻訳書）
『ダイシーと行政法』（成文堂、1992 年）
（主論文）
「アメリカにおける国政調査権の機能について」早稲田法学会誌 30 巻（1980 年）
「行政特権について──アメリカ連邦議会調査との関係を中心として」商学討究 34 巻 4 号（1984 年）
「アメリカにおける議会調査と人権」時岡弘先生古稀記念『人権と憲法裁判』（1992 年）

憲　法Ⅱ　統治機構

2002（平成 14）年 4 月 15 日　第 1 版第 1 刷発行　3092-0101

　　　　　著　書　　猪　股　弘　貴
　　　　　発行者　　今　井　　　貴
　　　　　発行所　　株式会社信山社
　　　　　〒113-0033 東京都文京区本郷 6-2-9-102
　　　　　　　　　　電　話　03（3818）1019
　　　　　　　　　　ＦＡＸ　03（3818）0344
　　　　　編集出版　信山社出版株式会社
　　　　　販売企画　信山社販売株式会社
　　　　　Printed in Japan henshu@shinzansha.co.jp

Ⓒ猪股弘貴、2002. 印刷・製本／勝美印刷
ISBN 4-7972-3092-4　C 3332
3092-012-050-015
NDC 分類 323.001

憲法叢説（全3巻）1 憲法と憲法学　2 人権と統治　3 憲政評論	芦部信喜 著		各 2,816 円
社会的法治国の構成	高田 敏 著	大阪大学名誉教授 大阪学院大学教授	14,000 円
基本権の理論（著作集1）	田口精一 著	慶應大学名誉教授	15,534 円
法治国原理の展開（著作集2）	田口精一 著	慶應大学名誉教授	14,800 円
行政法の実現（著作集3）	田口精一 著	慶應大学名誉教授	9,800 円
議院法 [明治22年]	大石 眞 編著	京都大学教授　日本立法資料全集 3	40,777 円
日本財政制度の比較法史的研究	小嶋和司 著		12,000 円
憲法社会体系 I　憲法過程論	池田政章 著	立教大学名誉教授	10,000 円
憲法社会体系 II　憲法政策論	池田政章 著	立教大学名誉教授	12,000 円
憲法社会体系 III　制度・運動・文化	池田政章 著	立教大学名誉教授	13,000 円
憲法訴訟要件論	渋谷秀樹 著	立教大学法学部教授	12,000 円
実効的基本権保障論	笹田栄司 著	北海道大学法学部教授	8,738 円
議会特権の憲法的考察	原田一明 著	國學院大学法学部教授	13,200 円
日本国憲法制定資料全集（全15巻予定）	芦部信喜 編集代表　高橋和之・髙見勝利・日比野勤 編集	元東京大学教授　東京大学教授　国立国会図書館　東京大学教授	
人権論の新構成	棟居快行 著	成城大学法学部教授	8,800 円
憲法学の発想1	棟居快行 著	成城大学法学部教授	2,000 円
障害差別禁止の法理論	小石原尉郎 著		9,709 円
皇室典範	芦部信喜・髙見勝利 編著	日本立法資料全集　第1巻	36,893 円
皇室経済法	芦部信喜・髙見勝利 編者	日本立法資料全集　第7巻	45,544 円
法典質疑録 上巻（憲法他）	法典質疑会 編 [会長・梅謙次郎]		12,039 円
続法典質疑録（憲法・行政法他）	法典質疑会 編 [会長・梅謙次郎]		24,272 円
明治軍制	藤田嗣雄	48,000 円　欧米の軍制に関する研究　藤田嗣雄 著	48,000 円
ドイツ憲法集 [第2版]	高田 敏・初宿正典 編訳	京都大学法学部教授	3,000 円
現代日本の立法過程	谷 勝弘 著		10,000 円
東欧革命と宗教	清水 望 著	早稲田大学名誉教授	8,600 円
近代日本における国家と宗教	酒井文夫 著		12,000 円
国制史における天皇論	稲田陽一 著		7,282 円
続・立憲理論の主要問題	堀内健志 著	弘前大学教授	8,155 円
わが国市町村議会の起源	上野裕久 著		12,980 円
憲法裁判権の理論	宇都宮純一 著	愛媛大学教授	10,000 円
憲法史の面白さ	大石 眞・髙見勝利・長尾龍一 編	京都大学教授　国立国会図書館　日本大学教授	2,900 円
憲法訴訟の手続理論	林屋礼二 著	東北大学名誉教授	3,400 円
憲法入門	清水 陸 編	中央大学法学部教授	2,500 円
憲法判断回避の理論	高野幹本 著 [英文]	関東学院大学法学部教授	5,000 円
アメリカ憲法―その構造と原理	田島 裕 著	筑波大学教授　著作集1	近刊
英米法判例の法理	田島 裕 著	筑波大学教授　著作集8	6,000 円
フランス憲法関係史料選	摘 浩 著	西洋法史研究	60,000 円
ドイツの憲法忠誠	山岸喜久治 著	宮城学院女子大学学芸学部教授	8,000 円
ドイツの憲法判例（第2版）	ドイツ憲法判例研究会　栗城壽夫・戸波江二・松森 健 編		4,660 円
ドイツの最新憲法判例	ドイツ憲法判例研究会　栗城壽夫・戸波江二・石村 修 編		6,000 円
人間・科学技術・環境	ドイツ憲法判例研究会　栗城壽夫・戸波江二・青柳幸一 編		12,000 円
概観ドイツ連邦憲法裁判所	ホルスト・ゼッカー 著　生田目忠夫訳		8,600 円

信山社　ご注文は FAX または E メールで
FAX 03-3818-0344　Email : order@shinzansha.co.jp
〒113-0033 東京都文京区本郷 6-2-9-102　TEL 03-3818-1019　ホームページは http://www.shinzansha.co.jp

ISBN4-7972-5144-1
NDC 分類 323.000 憲法

林屋礼二 著
東北大学名誉教授

新刊案内 1999.6

5144 **憲法訴訟の手続理論**

四六変型 総208頁　　　定価：本体3,400円（税別）

☆西ドイツの違憲法令審査性はきわめて多角的で完備した違憲審査の形態をとっているが、その中の「憲法訴願」（Verfassungsbeschwerde）による違憲判決の効力をめぐっては、連邦憲法裁判所法31条2項の規定形式とも関係して、当時、個別的効力説と一般的効力説ともいうべき見解が対立していた。ここには、日本の憲法81条の違憲審査制の下での違憲判決の効力についての学説の対立と似た状況がみられたが、この西ドイツの憲法訴願の違憲判決の効力をめぐる個別的効力説と一般的効力説についての研究をすすめるうちに、これらの見解が、憲法訴願制度の目的を「主観的な基本権の保護」にあるとみるか、「客観的な憲法秩序の維持」にあるとみるかの基本的姿勢の違いと関係していることがわかった。それとともに、憲法訴願のように「具体的事件」との関係で「法令の違憲性」の審査を行う場合に、その違憲判決に「一般的効力」を導くためにはそこに、「具体的事件」とならんで「法令の違憲性」という別個の「審判の対象」を考え、この「法令の違憲性」という「審判の対象」との関係で、民事訴訟の効力論とは別の角度から「一般的効力」を導く必要のあることがわかった。そこで私は、こうした西ドイツの憲法訴願における違憲判決の効力についての学説の検討・分析の結果を材料にして、憲法81条における日本の違憲法令審査制の下での違憲判決の効力について、私なりの一般的効力説の理論化を図った。これが、本書の第Ⅰ部に収録したものである。

☆日本の憲法81条の違憲法令審査制はアメリカの違憲法令審査制の影響を受けたものであり、当時のアメリカの違憲法令審査制は「主観的な権利の保護」を目的とする制度と考えられていたので、日本の違憲法令審査制も同じく「主観的な権利の保護」を目的とするものとみるのが、通説の立場であった。しかし、戦争によって手ひどい打撃を受け、平和な新星日本の復興を祈った終戦後の日本人の信条を考えるとき、私には、憲法81条の違憲法令審査制には、単なる「主観的な権利の保護」だけではなくて、同時に「客観的な憲法秩序の維持」の目的も託されているとみるべきではないかと思われた。そこで、私は、憲法81条の違憲法令審査制の下で行われる違憲訴訟にあっては、「具体的事件」と並んで「法令の違憲性」も「審判の対象」として考えるべきであり、違憲判決が出されたときには右の「客観的な憲法秩序の維持」という目的から「法令の違憲性」という「審判の対象」についての裁判所の判断には、──当事者間への効力を越える──「一般的効力」を「憲法訴訟の理論」として結論すべきものと考え、このことをこの論文で主張したのである。

目　次
第Ⅰ部　西ドイツと日本の違憲判決の効力
　　　──西ドイツの憲法訴願の違憲判決効力論について
第Ⅱ部　憲法訴訟の手続理論

―信山社叢書―
西洋思想家のアジア　長尾龍一著 2,900円　　争う神々　長尾龍一著 2,900円
純粋雑学　長尾龍一著 2,900円　　法学ことはじめ　長尾龍一著 2,400円
国会を考える　上田章・浅野一郎・堀江湛・中野邦観 編［全7巻・刊行中］
地方の政治と議会　磯部力　森田朗 編［全6巻・近刊］
93　行政法の解釈　阿部泰隆著 9,709円　5151　環境NGO　山村恒年編 2,900円
2136　法政策学の試み［法政策研究1］　阿部泰隆・根岸哲編 4,700円
1797　土地利用の公共性　吉牟田薫・奈良次郎・田島裕編 14,000円
5068　野生生物の保護はなぜ必要か　日弁連・公害対策環境保全委員会編 2,700円
5226　固定資産税の現状と課題　占部裕典監修　全国婦人税理士連盟編 5,600
2002　憲法訴訟要件論　渋谷秀樹著 12,000円

信山社　〒113-0033　東京都文京区本郷6-2-9-102　TEL 03-3818-1019　FAX 03-3818-0344
FAX注文制

行政裁量とその統制密度	宮田三郎 著	元専修大学・千葉大学／朝日大学教授	6,000円
行政法教科書	宮田三郎 著	元専修大学・千葉大学 朝日大学教授	3,600円
行政法総論	宮田三郎 著	元専修大学・千葉大学 朝日大学教授	4,600円
行政訴訟法	宮田三郎 著	元専修大学・千葉大学 朝日大学教授	5,500円
行政手続法	宮田三郎 著	元専修大学・千葉大学 朝日大学教授	4,600円
行政事件訴訟法（全7巻）	塩野 宏 編著	東京大学名誉教授 成溪大学教授	セット 250,485円
行政法の実現（著作集3）	田口精一 著	慶應義塾大学名誉教授 清和大学教授	近刊
租税徴収法（全20巻予定）	加藤一郎・三ケ章 監修 青山善充 塩野宏 編集 佐藤英明 奥 博司 解説	東京大学名誉教授 神戸大学教授 西南学院大学法学部助教授	
近代日本の行政改革と裁判所	前山亮吉 著	静岡県立大学教授	7,184円
行政行為の存在構造	菊井康郎 著	上智大学名誉教授	8,200円
フランス行政法研究	近藤昭三 著	九州大学名誉教授 札幌大学法学部教授	9,515円
行政法の解釈	阿部泰隆 著	神戸大学法学部教授	9,709円
政策法学と自治条例	阿部泰隆 著	神戸大学法学部教授	2,200円
法政策学の試み 第1集	阿部泰隆・根岸 哲 編	神戸大学法学部教授	4,700円
情報公開条例集	秋吉健次 編	個人情報保護条例集（全3巻）	セット 26,160円
（上）東京都23区 項目別条文集と全文		8,000円 （上）-1,-2 都道府県 5760	6480円
（中）東京都27市 項目別条文集と全文		9,800円 （中）政令指定都市	5760
（下）政令指定都市・都道府県 項目別条文集と全文		12,000円 （下）東京23区	8160円
情報公開条例の理論と実務	自由人権協会編	内田力蔵著集（全10巻）	近刊
上巻〈増補版〉5,000円 下巻〈新版〉6,000円			
日本をめぐる国際租税環境	明治学院大学立法研究会 編		7,000円
ドイツ環境行政法と欧州	山田 洋 著	一橋大学法学部教授	5,000円
中国行政法の生成と展開	張 勇 著	元名古屋大学大学院	8,000円
土地利用の公共性	奈良次郎・吉牟田薫・田島 裕 編集代表		14,000円
日韓土地行政法制の比較研究	荒 秀 著	筑波大学名誉教授・獨協大学教授	12,000円
行政計画の法的統制	見上 崇 著	龍谷大学法学部教授	10,000円
情報公開条例の解釈	平松 毅 著	関西学院大学法学部教授	2,900円
行政裁判の理論	田中舘照橘 著	元明治大学法学部教授	15,534円
詳解アメリカ移民法	川原謙一 著	元法務省入管局長・駒沢大学教授・弁護士	28,000円
税法講義 第2版	山田二郎 著 4,800円	市民のための行政訴訟改革 山村恒年編	2,400円
都市計画法規概説	荒 秀・小高 剛・安本典夫 編		3,600円
行政過程と行政訴訟	山村恒年 著		7,379円
地方自治の世界的潮流（上・下）	J.ヨアヒム・ヘッセ 著 木佐茂男 訳		上下：各7,000円
スウェーデン行政手続・訴訟法概説	荻原金美 著		4,500円
独逸行政法（全4巻）	O.マイヤー 著 美濃部達吉 訳		全4巻セット：143,689円
韓国憲法裁判所10年史 13,000円	大学教育行政の理論	田中舘照橘著	16,800円

信山社　ご注文はFAXまたはEメールで
FAX 03-3818-0344　Email order@shinzansha.co.jp
〒113-0033 東京都文京区本郷6-2-9-102　TEL 03-3818-1019　ホームページは http://www.shinzansha.co.jp

```
2002年4月
今月の新刊        信山社        新刊・既刊のご案内
```

ISBN4-7972-1937-8 NDC320.001
泉田栄一（いずみだ えいいち）・関 英昭（せき ひであき）・藤田勝利（ふじた かつとし）編集

現代企業法の新展開
―小島康裕教授退官記念論文集―

A5変上製704頁　　本体価格18,800円

一連の商法改正が目指す将来像は何か、低迷する日本経済の現状をどのようにして乗り越えるか、企業法がこれからどのように展開していくかの一端を垣間見れるテーマがそろう。

ISBN4-7972-3079-7　C3332　NDC分類 327.301
鈴木 禄彌（すずき ろくや）東北大学名誉教授・福井 秀夫（ふくい ひでお）法政大学社会学部教授
山本 和彦（やまもと かずひこ）一橋大学大学院国際企業戦略研究科
久米 良昭（くめ よしあき）那須大学法学部教授　編

競売の法と経済学

A5判変型272頁並製カバー　　本体2,900円

執行機能不全を解消するための競売法制のあり方を探る。すべての占有に合法的装いをあたえて競売妨害を助長する短期賃貸借保護制度（民法395条）や名宛人を特定しないと引渡命令を出せない（民事執行法83条）など現行法制の不備とその悪用による執行妨害の実態を明らかにした。米国不動産売買法制の調査。「法と経済学」の知見から適切な法システムを提案している。

ISBN4-7972-1866-5　C3332　NDC分類323.911
福井 秀夫 著（ふくい ひでお）法政大学社会学部教授

都市再生の法と経済学

A5変上製カバー付240頁　　本体2900円

都市住宅問題に関する多様性、利害の複雑性、公共の関与に関する規範等、従来、分析の視角や方法において統一的に処理することが困難であると理解されてきた事象にできるだけ明確で、具体的かつ体系性を具備した評価規準を設定し、そのような規準の有効性を検討実証しようとするものである。

ISBN4-7972-3048-7　C3332　NDC分類325.201
市川 兼三 著（いちかわ かねぞう）香川大学法学部教授

従業員持株制度の研究

A5判変型　上製カバー　504頁　本体 12,000円

従業員持株制度は従業員の勤労意欲を現在および退職後の生活向上に直結するものとして重要になりつつある。諸外国の従業員持株制度と我が国の従業員持株制度を比較検討することによって、我が国の従業員持株制度の問題点を明らかにすると共に、我が国において大衆が経済的生存権を確保する手段としての株式を入手する1つの方法として従業員持株制度を確立することが、課題となった。

ISBN 4-7972-3064-9　C3332　NDC分類324.701

平柳　一夫 著 (ひらやなぎ　かずお)

<法学の泉シリーズ>

遺産分割の調停読本

四六判変型256頁並製　本体2,200円

分り易い司法制度の構築、国民の司法参加が強調されている。そのどれもが家事調停に深くかかわっている。家事調停の中でももっとも困難な遺産分割調停の実務のあり方に迫ろうとする。調停家族の方々と実際に調停を申立てられる当事者が事前に一読して臨まれれば有用と思う。個々紛争形態の取扱いにとくに重点をおいて項目を充実させた。内容早わかり索引に工夫しているので実用必携。

ISBN 4-7972-2153-4　C3332　NDC分類 325.611
ISBN 4-7972-5047-X　C3332　NDC分類323.121
ISBN4-7972-2207-7 C3332 NDC324.201

小栁　春一郎 著 (こやなぎ　しゅんいちろう) 獨協大学法学部教授

近代不動産賃貸借法の研究

A5判変型　500頁　上製箱入　本体:12,000円

ボワソナード草案及び明治23年民法の賃貸借規定についてフランス民法から近年の借家法改正に至るまでのフランス賃貸借法の歴史的諸展開を背景に論ずるものである。筆者の問題関心は、日本民法の賃貸借法の再検討に始まった。その際、穂積陳重が旧民法及びボワソナード草案において賃借人に物権が与えられていることを好意的に評価していたことを知り興味を覚えた。（「はしがき」より）

ISBN4-7972-3301-X　C3333　NDC分類323.914

下村　郁夫 著 (しもむら　いくお) 政策研究大学院大学政策研究科教授

土地区画整理事業の換地制度

A5判変型　上製カバー　288頁　本体6,000円

土地区画整理事業は日本の都市計画を現実化する上で重要な役割を担ってきたが、この事業は物理的事業であるのと同時に宅地の権利関係を再編成する法的事業であるので、その効果は事業の中核をなす換地制度によって制約されている。本書は照応原則、申出換地、小規模宅地対策、清算を中心に換地制度とその運用の理論的含意を解明し、また土地区画整理事業をさらに有効に利用するための制度改正を提案する。

金子　堅太郎 著 (かねこ　けんたろう) 大淵　和憲 校注 (おおぶち　かずのり)

欧米議院制度取調巡回

<日本憲法史叢書　6>
四六判236頁上製　本体 3,300円

ISBN 4-7972-4181-0　C3332　NDC 326.021
井上　正仁（いのうえ　まさひと）東京大学大学院法学政治学研究科教授
渡辺　咲子（わたなべ　さきこ）法務省検事・田中　開（たなか　ひらく）法政大学法学部教授　編著
＜日本立法資料全集121＞

刑事訴訟法制定資料全集
昭和刑事訴訟法編（1）

菊判変型272頁上製箱入　　　　　本体20,000円

昭和23年刑事訴訟法立法関係資料集。
「近年わが刑事手続きを取り巻く状況は大きく変化しつつあり、判例や解釈による対応には限界があることが認識されるようになったことから、新たな立法の動きも現実化している。いまその歴史の筋目にあたり、わが刑事訴訟法の歩みを立法資料により迫ることにより、先人達の苦労を偲ぶとともに、そこに集積された創意と工夫に学ぼうと思う。」（「刊行の辞より」）原資料翻刻（解説つき）刊行開始

ISBN 4-7972-4732-0　4-7972-4733-9　C3332　NDC 324.021
＜日本立法資料全集別巻205・206＞ピコウ　著・加太　邦憲　訳

佛國民法釋要（上・下巻）

A5判変型　　上巻　512頁上製箱入　　本体35,000円
　　　　　　下巻　560頁上製箱入　　本体42,000円

市民の実用を目的として刊行された民法解説書の全訳版。
原著は、ピコウが1868年に、既刊の民法解説書が「詳密ニ過キ却テ人ヲシテ容易ニ了解シ得サラシムル」ため、「実際用ナポレオン法」として刊行したものである。訳本は、1000頁に及ぶ大冊であるため、復刻に際し上・下2巻に分冊刊行した。訳者加太邦憲（1849-1929）は、明治3年貢進生として大学南校に入り、同5年司法省明法寮に入学、同9年法律学士となる。法学校長、東京大学法学科部長心得、判事等を歴任ののち、同19年仏独両国に留学、同23年帰国、京都、東京の各地方裁判所長を経て大阪控訴院長となる。同43年貴族院議員、昭和4年12月没、81歳。

ISBN 4-7972-4728-2　4-7972-4729-0　4-7972-4730-4　C3332　NDC分類324.021
田中　耕造（たなか　こうぞう）・小島　房次郎（こじま　ふさじろう）合訳
＜日本立法資料全集別巻202・203・204＞

佛國民法國字解（上・中・下巻）

A5判変型上巻　520頁上製箱入　　本体35,000円
　　　　中巻　440頁上製箱入　　本体30,000円
　　　　下巻　488頁上製箱入　　本体32,000円

明治初期フランス法継受期の入門的フランス民法注釈書。
明治初期に翻訳刊行された、デルソル、ムールロン、ピコー等の大冊の民法体系書が、「繁密精緻」に過ぎ、初学者にはその要領を得ることが難しいため、田中耕造が、フランス民法の主要条文を翻訳した上で注釈を付したものである。田中は、1851（嘉永4）年、江戸に生まれ、昌平校を卒業ののち福地源一郎、中江篤介等にフランス学を学び、明治12年渡仏、エミール・アコラスについて政法二学を研究、その間に、司法省、元老院、警視庁、文部省に出仕、博識で知られた。

著書に「警察一斑」「欧米警察見聞録」「行政訴訟論」等がある。1883（明治16）年没、33歳。
ISBN 4-7972-6018-1　C3033　NDC分類336.841

伊藤　嘉博　著（いとう　よしひろ）上智大学教授

管理会計のパースペクティブ

A5判344頁上製カバー付　本体3,600円

管理会計の系譜をたどることによって四つの異なるパースペクティブを識別し、その分析を通じて管理会計システムの設計・運用のための指針を析出する。パースペクティブとは、単なる見方や展望を超えた研究者のもつ動機や感性をも包摂した、それ自体人間行為の所産である、現在のグローバルな経営環境下において、日本的な管理会計実践のための最新の経営学必読書。

ISBN4-7972-3048-7　C3332　NDC分類325.201

市川　兼三　著（いちかわ　かねぞう）香川大学法学部教授

従業員持株制度の研究

A5判変型　上製カバー　504頁　本体12,000円

従業員持株制度は従業員の勤労意欲を現在および退職後の生活向上に直結するものとして重要になりつつある。諸外国の従業員持株制度と我が国の従業員持株制度を比較検討することによって、我が国の従業員持株制度の問題点を明らかにすると共に、我が国において大衆が経済的生存権を確保する手段としての株式を入手する1つの方法として従業員持株制度を確立することが、課題となった。

ISBN 4-7972-3064-9　C3332　NDC分類324.701

平柳　一夫　著（ひらやなぎ　かずお）

＜法学の泉シリーズ＞

遺産分割の調停読本

四六判変型256頁並製　本体2,200円

分り易い司法制度の構築、国民の司法参加が強調されている。そのどれもが家事調停に深くかかわっている。家事調停の中でももっとも困難な遺産分割調停の実務のあり方に迫ろうとする。調停家族の方々と実際に調停を申立てられる当事者が事前に一読して臨まれれば有用と思う。個々紛争形態の取扱いにとくに重点をおいて項目を充実させた。内容早わかり索引に工夫しているので実用必携。

ISBN 4-7972-2153-4　C3332　NDC分類325.611

庄子　良男　訳著（しょうじ　よしお）筑波大学大学院企業法学専攻教授

ドイツ手形法理論史（上）

A5判変型474頁上製箱入　本体13,000円

ドイツ手形法学の古典の中から翻訳したものと、それに関連する著者の論文を集めたもので、アイネルト、フィック、クンツェ、サヴィニー、ブルンナー、ヤコビ、ヴィーランドの原典からの全文直訳とドイツ手形法理論史に対する著者の問題意識に関わる最近の論文4点を収めている。本書に収録した作品群は、現代ドイツのみならず、わが国手形法学の出発点をなしているといえる。

ISBN4-7972-1659-x C3332 327.201　那須　弘平著（第2東京弁護士会所属弁護士）

民事訴訟と弁護士

A5変判上製416頁　　　　　　　　本体6800円　（税別）

実務慣行を改善しなければ民事訴訟はよくならず
そのためには弁護士の主体的努力が欠かせない
☆民事訴訟を取り巻く環境とその中での弁護士のあり方を探る意欲的な論稿を収録。
司法の改革が活発に議論されている中、新たな観点から訴訟と弁護士像を探求する書。
―東京大学名誉教授・弁護士　新堂幸司先生ご推薦！

ISBN4-7972-5252-9　C3032　327.381　園尾　隆司・須藤　英章 監修
（東京地裁民事第20部総括判事・第2東京弁護士会所属弁護士）

民事再生法書式集　［新版］

B5正執製カバー　312頁　　　　　　本体：4,200円（税別）

ISBN4-7972-2205-0　C3332　327.101司法　井上　達夫・河合　幹雄 編
（東京大学大学院法学政治学研究科教授・桐蔭横浜大学法学部助教授）

体制改革としての司法改革

―日本型意思決定システムの構造転換と司法の役割―

四六判上製カバー　344頁　　　　　　本体：2,700円（税別）

ISBN4-7972-2183-6　C3332　327.101司法　遠藤　直哉 著（第2東京弁護士会法曹育成二弁センター委員長）

ロースクール教育論

新しい弁護技術と訴訟運営

四六判上製カバー　266頁　　　　　　本体：2,800円（税別）

☆ロースクール構想について議論をまとめるとともに、各大学・学会のシンポジウムを通じて
精力的に発言・活動してきた成果がこの一冊に集結。迅速・公正かつ創造的な
訴訟運営の実現のために「実務・研究・教育の統合」を目指すロースクールの提唱する。

ISBN4-7972-9027-7　C3032　NDC327.121司法　斎藤　哲 著（島根大学法文学部教授）

市民裁判官の研究

A5判変型上製　総384頁　　　　　　本体 7,600円（税別）

☆市民参加の裁判制度について諸外国の制度を中心に、日本における裁判官論を概観しながら、
制度の沿革と機能を考察。国民の司法参加が重要課題であるいま、新鮮な視点を提供する最新の
研究書。

ISBN4-7972-2192-5　C3332　327.501　廣田　尚久 著（大東文化大学環境創造学部教授）

民事調停制度改革論

四六判上製カバー　226頁　　　　　　本体：2,000円（税別）

ISBN4-7972- いつも離陸の角度で 新刊案内14.4.15

基礎法・外国法を含む法律学の全分野に及ぶ、時代を超える法律学全集

法律学の森
―信山社創立10周年記念出版―

小社は、1988年の創立以来、学術書を中心とした出版社として順調な経過発展を遂げることができました。これも皆様の御支援の賜と心より感謝申し上げます。

この間、研究の基礎資料としての『日本立法資料全集』、わが国法律学の古典としての『同・別巻』をはじめ、『学術論文集』『刑事法辞典』等を刊行して参りましたが、このたび、わが国の法学界を代表する諸先生の叡智と小社企画編集部の経験と知恵を結集して企画編集し、従来わが国では試みられなかった発想と方法で時代を画する本格的な体系書『法律学の森』を企画いたしました。

明治以来120数年、戦後50有余年を経て幾多の先人の基礎研究をもとに蓄積されてきたわが国の法律学の到達水準を確認しつつ、これからのわが国法律学を方向づけ一層の発展を期そうとするものであります。具体的には萌芽的研究、視点の転換を図ろうとする「問題提起性に満ちた研究」に注目して、その「成長点」を見出し、「独創的な知見・体系の生産」を促していこうとするものです。そして研究者層の拡大と充実を推進し、研究者、実務家、学生(学部学生・ロースクール生・大学院生)のニーズひいては、変容著しい時代に生きる一般国民の要請に応えようとするものです。

従いまして、時代と学問的に格闘する研究者の「独創性」を最大限に重んじる立場から、内容構成と執筆量にも十分配慮することと致します。また、従来の閉鎖的なピラミッド型ではなく、むしろそれぞれが開放的な「八ヶ岳」型の高峰として成長し、質・量ともに増している時代の新しい要請にも対応することを願って構想しております。

1998年10月　　　　　　　　　　　　　　　　　　　　　　　　　信山社編集企画部

潮見佳男著	債権総論Ⅰ(第2版)	続刊
潮見佳男著	債権総論Ⅱ(第2版)	4,800円
潮見佳男著	契約各論Ⅰ 4,200円　Ⅱ	続刊
潮見佳男著	不法行為法	4,700円
藤原正則著	不当利得法	4,500円
小宮文人著	イギリス労働法	3,800円

信山社　〒113-0033　東京都文京区本郷6-2-9-102　TEL 03-3818-1019　FAX 03-3818-0344
order@shinzansha.co.jp　FAX注文制

新刊・既刊

潮見佳男 著
債権総論Ⅱ（第2版）4,800円
契約各論Ⅰ　4,200円
不法行為法　4,700円

藤原正則 著
不当利得法　4,500円

岡本詔治 著　12,800円
不動産無償利用権の理論と裁判

小栁春一郎 著　12,000円
近代不動産賃貸借法の研究

伊藤 剛 著　9,800円
ラーレンツの類型論

梅本吉彦 著
民事訴訟法　5,800円

東京　信山社　文京
Tel 03+3818+1019　FAX 03+3811+3580

大木雅夫先生古稀記念
滝沢正編集代表 比較法学の課題と展望 14,800円
西原道雄先生古稀記念
佐藤進・齋藤修編集代表 現代民事法学の理論 上巻16,000円・下巻予価16,000円 近刊
品川孝次先生古稀記念
須田晟雄・辻伸行編 民法解釈学の展開 17,800円
京都大学日本法史研究会 中澤巷一編集代表 法と国制の史的考察 8240円
栗城壽夫先生古稀記念
樋口陽一・上村貞美・戸波江二編 新日独憲法学の展開(仮題) 続刊
田島裕教授記念 矢崎幸生編集代表 現代先端法学の展開 15,000円
菅野喜八郎先生古稀記念
新正幸・早坂禧子・赤坂正浩編 公法の思想と制度 13,000円
清水睦先生古稀記念 植野妙実子編 現代国家の憲法的考察 12,000円
石村善治先生古稀記念 法と情報 15,000円
山村恒年先生古稀記念 環境法学の生成と未来 13,000円
林良平・甲斐道太郎編集代表 谷口知平先生追悼論文集 I・II・III 58,058円
五十嵐清・山畠正男・藪重夫先生古稀記念 民法学と比較法学の諸相 (全3巻) 39,300円
高祥龍先生還暦記念 21世紀の日韓民事法学 近刊
広瀬健二・多田辰也編 田宮裕博士追悼論集 上巻12,000円 下巻予価15,000円 続刊
筑波大学企業法学創設10周年記念 現代企業法学の研究 18,000円
菅原菊志先生古稀記念 平出慶道・小島康裕・庄子良男編 現代企業法の理論 20,000円
平出慶道先生・高窪利一先生古稀記念 現代企業・金融法の課題 上・下各15,000
小島康裕教授退官記念
泉田栄一・関英昭・藤原勝利編 現代企業法の新展開 12,000円
酒巻俊雄・志村治美編 現代会社法の理論 15,000円
白川和雄先生古稀記念 民事紛争をめぐる法的諸問題 15,000
佐々木吉男先生追悼論集 民事紛争の解決と手続 22,000円
内田久司先生古稀記念 柳原正治編 国際社会の組織化と法 14,000円
山口浩一郎・渡辺章・菅野和夫・中嶋士元也編
花見忠先生古稀記念 労使関係法の国際的潮流 15,000円
本間崇先生還暦記念 中山信弘・小島武司編 知的財産権の現代的課題 8,544円
牧野利明判事退官記念 中山信弘編 知的財産法と現代社会 18,000円
成城学園100年・法学部10周年記念 21世紀を展望する法学と政治学 16,000円

塙浩著作集 (全19巻) 1161000円 第20巻 編集中
小山昇著作集 (全13巻+別巻2冊) 257,282円
小室直人 民事訴訟法論集 上9,800円・中12,000円・下9,800円
蓼沼謙一著作集 (全5巻) 近刊
佐藤進著作集 (第1期全10巻) 刊行中 3・4・10巻
内田力蔵著作集 (全11巻) 近刊
来栖三郎著作集 (全3巻) 続刊

民法研究3号／国際人権13号／国際私法年報3号／民事訴訟法研究創刊

書名	著者	所属	価格
閉鎖会社紛争の新展開	青竹正一著	小樽商科大学教授	10,000円
相場操縦規制の法理	今川嘉文著	甲南大学法学部助教授	8,000円
企業結合・企業統治・企業金融	中東正文著	名古屋大学法学部教授	13,800円
株主代表訴訟の法理	山田泰弘著	高崎経済大学	8,000円
中国国有企業の株式会社化	盧建新著	名古屋大学	5,000円
従業員持株制度の研究	市川兼三著	香川大学法学部教授	12,000円
入札・談合の研究	鈴木満著	横浜桐蔭大学法学部教授	6,280円
企業形成の法的研究	大山俊彦著		12,600円
企業法研究 1	永田均著		5,800円
民事再生法(新版)書式集	第二東京弁護士会倒産法委員会編		4,200円
CD版民事再生法(新版)書式集	第二東京弁護士会倒産法委員会編		4,700円
取締役・監査役論 [商法研究Ⅰ]	菅原菊志著	東北大学名誉教授	8,000円
企業法発展論 [商法研究Ⅱ]	菅原菊志著	東北大学名誉教授	19,417円
社債・手形・運送・空法 [商法研究Ⅲ]	菅原菊志著	東北大学名誉教授	16,000円
判例商法(上)-総則・会社- [商法研究Ⅳ]	菅原菊志著		19,417円
判例商法(下) [商法研究Ⅴ]	菅原菊志著	東北大学名誉教授	16,505円
商法研究(全5巻セット)	菅原菊志著	東北大学名誉教授	79,340円
商法及び信義則の研究	後藤静思著	元判事・東北大学名誉教授	6,602円
企業の社会的責任と会社法	中村一彦著	新潟大学名誉教授	7,000円
会社法判例の研究	中村一彦著	新潟大学名誉教授・大東文化大学教授	9,000円
ｱｼﾞｱにおける日本企業の直面する法的諸問題	明治学院大学立法研究会編		3,600円
IBL入門	小曽根敏夫著	弁護士	2,718円
株主代表訴訟制度論	周劍龍著	青森県立大学助教授	6,000円
企業承継法の研究	大野正道著	筑波大学企業法学専攻教授	15,534円
企業承継法入門	大野正道著		2,800円
企業取引法入門	大野正道著	続刊	
中小会社法の研究	大野正道著	筑波大学企業法学専攻教授	5,000円
会社営業譲渡・譲受の理論と実際(新版)	山下眞弘著		2,600円
会社営業譲渡の法理	山下眞弘著	立命館大学法学部教授	10,000円
国際手形条約の法理論	山下眞弘著	立命館大学法学部教授	6,800円
手形・小切手法の民法的基礎	安達三季生著	法政大学名誉教授	8,800円
手形抗弁論	庄子良男著	筑波大学企業法学専攻教授	18,000円
ドイツ手形法理論史	庄子良男訳著	(上)13,000円 (下)17,000円	
手形法小切手法読本	小島康裕著	新潟大学法学部教授	2,000円
要論手形小切手法(第3版)	後藤紀一著	広島大学法学部教授	5,000円
手形法小切手法入門	大野正道著		2,800円
有価証券法研究(上)	髙窪利一著	中央大学法学部教授	14,563円
有価証券法研究(下)	髙窪利一著	中央大学法学部教授	9,709円
振込・振替の法理と支払取引	後藤紀一著	広島大学法学部教授	8,000円
ドイツ金融法辞典	後藤紀一他著	広島大学法学部教授	9,515円
金融法の理論と実際	御室龍著	元札幌学院大学教授・清和大学講師	9,515円
米国統一商事法典リース規定	伊藤進・新美育文編		5,000円
改正預金保険法・金融安定化法 新法シリーズ	信山社編		2,000円
早わかり統計学	クーシス著 林由子訳	大阪経済大学	3,600円

信山社　FAX 03-3818-0344　Email order@shinzansya.co.jp
〒113-0033東京都文京区本郷6-2-9-102　TEL 03-3818-1019　ホームページはhttp://www.shinzansya.co.jp

ISBN4-7972-5601-x　研究・学習・実務に座右に1冊　刑事法関係者10万人に贈る　新刊案内20
NDC分類326.001

編　集
三井　誠・町野　朔・曽根威彦
中森喜彦・吉岡一男・西田典之

刑事法辞典

5月新刊

四六判上製　総1200頁　　予価:本体6,000円(税別)

「このたび信山社の10周年企画依頼によりまして『刑事法辞典』を編集することになりました。大学生・研究者さらに実務家の要望にも応えられる刑事法の中辞典を目指して、項目選定に各編集委員が力を注いで参りました。ご期待下さい。」　　　　　　　　　　　　　　　　　平成10年8月　編者

愛知正博	中京大学法学部教授	酒井安行	青山学院大学法学部教授	林美月子	神奈川大学法学部教授
秋葉悦子	富山大学経済学部助教授	酒巻　匡	上智大学法学部教授	林　陽一	千葉大学法経学部助教授
浅田和茂	大阪市立大学法学部教授	佐久間修	大阪大学大学院法学研究科教授	久岡康成	立命館大学法学部教授
荒木伸怡	立教大学法学部教授	佐藤隆之	横浜国立大学経済学部助教授	日高義博	専修大学法学部教授
石塚伸一	龍谷大学法学部教授	佐藤美樹	高岡法科大学法学部助教授	平川宗信	名古屋大学大学院法学研究科教授
井田　良	慶応義塾大学法学部教授	椎橋隆幸	中央大学法学部教授	平田　元	三重大学人文学部教授
伊東研祐	名古屋大学大学院法学研究科教授	塩見　淳	京都大学大学院法学研究科教授	平良木登規男	慶応義塾大学法学部教授
伊藤　渉	東洋大学法学部助教授	島　伸一	駿河台大学法学部教授	深尾正樹	京都産業大学法学部講師
指宿　信	鹿児島大学法文学部教授	島岡まな	亜細亜大学法学部助教授	福島　至	龍谷大学法学部教授
今井猛嘉	法政大学法学部助教授	清水一成	琉球大学法文学部教授	福山道義	福岡大学法学部教授
岩間康夫	大阪大学法学部教授	淵見光男	朝日大学法学部教授	堀内捷三	法政大学法学部教授
上嶌一高	神戸大学大学院法学研究科教授	白取祐司	北海道大学大学院法学研究科教授	前田雅英	東京都立大学法学部教授
上田信太郎	香川大学法学部助教授	城下裕二	札幌学院大学法学部教授	町野　朔	上智大学法学部教授
上田　寛	立命館大学法学部教授	新屋達之	立正大学法学部助教授	松生光正	姫路獨協大学法学部教授
植田　博	広島修道大学法学部教授	鈴木左斗志	学習院大学法学部助教授	松代剛枝	関西大学法学部助教授
臼木　豊	小樽商科大学商学部教授	瀬川　晃	同志社大学法学部教授	松原久利	同志社大学法学部助教授
宇藤　崇	岡山大学法学部助教授	関　正晴	日本大学法学部教授	松原芳博	早稲田大学法学部教授
梅田　豊	島根大学法文学部助教授	曽根威彦	早稲田大学法学部教授	松宮孝明	立命館大学法学部教授
大久保哲	久留米大学法学部教授	園田　寿	南山大学法学部教授	丸山雅夫	南山大学法学部教授
大越義久	東京大学教養学部教授	高田昭正	大阪市立大学法学部教授	三島　聡	大阪市立大学法学部教授
大澤　裕	名古屋大学大学院法学研究科教授	高橋則夫	早稲田大学法学部教授	水谷規男	愛知学院大学法学部助教授
大塚裕史	大東大学法学部教授	高山佳奈子	成城大学法学部助教授	三井　誠	神戸大学大学院法学研究科教授
大出良知	九州大学大学院法学研究院教授	田口守一	早稲田大学法学部教授	宮城啓子	成城大学法学部教授
大沼邦弘	成城大学法学部教授	只木　誠	獨協大学法学部教授	宮澤節生	早稲田大学法学部教授
奥村正雄	同志社女子大学現代社会学部教授	多田辰也	大東文化大学法学部教授	村山眞維	千葉大学法経学部教授
小田直樹	横浜国立大学経済学部教授	田中利幸	横浜国立大学経済学部教授	守山　正	拓殖大学政経学部教授
甲斐克則	広島大学法学部教授	田中　開	法政大学法学部教授	安田拓人	大阪大学大学院法学研究科助教授
香川喜八朗	亜細亜大学法学部教授	田淵浩二	静岡大学人文学部助教授	安冨　潔	慶応義塾大学法学部教授
加藤克佳	愛知大学法学部教授	津村政孝	青山学院大学法学部教授	安村　勉	金沢大学法学部教授
門田成人	福島大学法文学部助教授	寺崎嘉博	筑波大学社会科学系教授	山口　厚	東京大学大学院法学政治学研究科教授
上口　裕	南山大学法学部教授	土井政和	九州大学大学院法学研究員教授	山田道郎	明治大学法学部教授
川出敏裕	東京大学大学院法学政治学研究科助教授	長井長信	南山大学法学部教授	山中敬一	関西大学法学部教授
川崎英明	関西学院大学法学部教授	長井　圓	神奈川大学法学部教授	山名京子	奈良産業大学法学部教授
川端　博	明治大学法学部教授	中空壽雅	関東学園大学法学部教授	山火正則	神奈川大学法学部教授
北川佳世子	東北学院大学法学部教授	長島範良	成蹊大学法学部教授	山本輝之	南京大学法学部助教授
木村光江	東京都立大学法学部教授	中野目善則	中央大学法学部教授	山本正樹	近畿大学法学部教授
京藤哲久	明治学院大学法学部教授	中森喜彦	京都大学大学院法学研究科教授	吉岡一男	京都大学大学院法学研究科教授
葛野尋之	立命館大学法学部教授	鯰越溢弘	新潟大学法学部教授	吉田敏雄	北海学園大学法学部教授
葛原力三	関西大学法学部教授	新倉　修	青山学院大学法学部教授	吉田宣之	桐蔭横浜大学法学部教授
後藤　昭	一橋大学大学院法学研究科教授	西田典之	東京大学大学院法学政治学研究科教授	吉弘光男	九州国際大学法学部助教授
小山雅亀	西南学院大学法学部教授	西村秀二	富山大学経済学部教授	吉村　弘	北九州大学法学部教授
近藤和哉	大阪大学経済学部助教授	野村　稔	早稲田大学法学部教授	米山耕二	早稲田大学法学部研究科専任講師
斎藤信治	中央大学法学部教授	橋田　久	京都産業大学法学部助教授	渡辺　修	神戸学院大学法学部教授
斉藤豊治	東北大学法学研究科教授	橋爪　隆	神戸大学大学院法学研究科助教授	吉井蒼生夫	神奈川大学法学部教授
斎野彦弥	北海道大学大学院法学研究科教授	橋本正博	一橋大学大学院法学研究科教授		
佐伯仁志	東京大学大学院法学政治学研究科教授	林　幹人	上智大学法学部教授		

総勢135名・全国第一線執筆陣による。

ご注文はFAXまたはEメールで　　FAX 03-3818-0344　Email:order@shinzansha.co.jp
信山社　〒113-0033東京都文京区本郷6-2-9-102　TEL 03-3818-1019
信山社のホームページ　http://www.shinzansha.co.jp

2002.4.15